예수를 따르는 비전의 사람들

제자훈련 인도자 지침서

예수를 따르는 비전의 사람들

제자훈련 인도자 지침서

황덕영 지음

글로벌
제자훈련원
DISCIPLE   GLOBAL DISCIPLE TRAINING CENTER

차 례

모든 민족을 제자 삼는
하나님의 비전을 바라며

그러므로 너희는 가서 모든 민족을 제자로 삼아 아버지와 아들과 성령의 이름으로 세
례를 베풀고 내가 너희에게 분부한 모든 것을 가르쳐 지키게 하라 볼지어다 내가 세상
끝날까지 너희와 항상 함께 있으리라 하시니라 마태복음 28:19-20

'가서 모든 민족으로 제자 삼으라', 예수님께서 이 땅에 오셔서 돌아가시고 부활하시고
승천하시면서 대강령이라고 일컫는 이 위대한 명령을 제자들에게 남기셨습니다. 이 명
령은 곧 하나님의 꿈과 비전의 의미가 담긴 주님의 유언입니다. 주님을 따르고 있는 오
늘날의 우리에게도 동일하게 주신 사명입니다.

예수님의 제자로 부름 받은 우리는 복음의 통로가 되어야 합니다. 그러자면 나 혼자 복
음을 아는 것으로 끝나는 게 아니라, 그리스도의 온전한 또 다른 제자들을 세우는 선교
사적 삶을 살아야 합니다. '가서 제자 삼으라'는 주님의 명령에 순종할 때 하나님의 부
흥과 하나님의 역사가 여러분 한 사람으로부터 시작되는 것입니다.

주님의 피로 값 주고 사신 교회 공동체인 우리는 복음으로 변화된 제자 삼는 삶을 통해
교회의 울타리를 넘어 나의 가정과 직장뿐 아니라, 모든 민족으로 제자를 삼는 하나님
의 비전을 이루어 가야 할 것입니다.

이 책은 제자훈련 운영을 위한 안내 및 활용 자료를 제시하고 있고, 「예수를 따르는 비전의 사람」 각 6권에 대해 다루고 있습니다. 이 책을 통해 복음의 능력과 성령에 사로잡힌 제자들과 복음을 전하는 선교의 삶을 살아가는 제자들이, 제자훈련을 섬기는 한국 교회와 온 열방 곳곳에 아름답게 세워지기를 주님의 이름으로 축복합니다.

새중앙교회 담임목사 황덕영

제자훈련 터 다지기

1

나의 신앙고백

중심 말씀

마가복음 8장 27~38절

27 예수와 제자들이 빌립보 가이사랴 여러 마을로 나가실새 길에서 제자들에게 물어 이르시되 사람들이 나를 누구라고 하느냐

28 제자들이 여짜와 이르되 세례 요한이라 하고 더러는 엘리야, 더러는 선지자 중의 하나라 하나이다

29 또 물으시되 너희는 나를 누구라 하느냐 베드로가 대답하여 이르되 주는 그리스도시니이다 하매

30 이에 자기의 일을 아무에게도 말하지 말라 경고하시고

31 인자가 많은 고난을 받고 장로들과 대제사장들과 서기관들에게 버린 바 되어 죽임을 당하고 사흘 만에 살아나야 할 것을 비로소 그들에게 가르치시되

32 드러내 놓고 이 말씀을 하시니 베드로가 예수를 붙들고 항변하매

33 예수께서 돌이키사 제자들을 보시며 베드로를 꾸짖어 이르시되 사탄아 내 뒤로 물러가라 네가 하나님의 일을 생각하지 아니하고 도리어 사람의 일을 생각하는도다 하시고

34 무리와 제자들을 불러 이르시되 누구든지 나를 따라오려거든 자기를 부인하고 자기 십자가를 지고 나를 따를 것이니라

35 누구든지 자기 목숨을 구원하고자 하면 잃을 것이요 누구든지 나와 복음을 위하여 자기 목숨을 잃으면 구원하리라

36 사람이 만일 온 천하를 얻고도 자기 목숨을 잃으면 무엇이 유익하리요

37 사람이 무엇을 주고 자기 목숨과 바꾸겠느냐

38 누구든지 이 음란하고 죄 많은 세대에서 나와 내 말을 부끄러워하면 인자도 아버지의 영광으로 거룩한 천사들과 함께 올 때에 그 사람을 부끄러워하리라

암송 말씀

마태복음 16장 16절

16 시몬 베드로가 대답하여 이르되 주는 그리스도시요 살아 계신 하나님의 아들이시니이다

요한복음 3장 16절

16 하나님이 세상을 이처럼 사랑하사 독생자를 주셨으니 이는 그를 믿는 자마다 멸망하지 않고 영생을 얻게 하려 하심이라

핵심 주제

참된 신앙고백을 통해 제자의 길로 한 걸음 나아간다.

누군가에게 '고백'을 해 본 경험이 있습니까? 사랑하는 사람에게 자신의 사랑을 진심으로 고백하거나, 잘못을 상대방에게 솔직하게 고백하는 등, 어떤 고백이든 인생을 살면서 최소한 한 번의 경험은 있을 것입니다. 이처럼 고백은 우리의 마음을 전달하는 데 있어서 꼭 필요한 말입니다.

본문에서 예수님은 제자들에게 "너희는 나를 누구라 하느냐"(막 8:29)고 질문합니다. 마찬가지로, 이 시간 제자훈련을 시작하는 우리를 향해 동일한 질문을 합니다. '너희는 나를 누구라 생각하기에 제자가 되고자 하느냐?'고 말입니다. 당신은 과연 예수님을 누구라 생각합니까? 이 시간을 통해 개인의 신앙을 점검하고 온전히 고백하는 시간이 되길 소망합니다.

1. 당신은 누군가에게 '고백'을 하거나 받은 경험이 있습니까? 언제, 어디서, 누구에게 어떤 고백을 했는지(또는 받았는지) 자유롭게 나눠 보십시오.

언제	
어디서	
누구에게	
고백한 내용	

2. 당신이 '고백'을 받았을 때의 느낌(기분)은 어땠습니까? 솔직하게 나눠 보십시오.

1. 당시 사람들은 예수님을 가리켜 세례 요한, 엘리야, 선지자라고 칭했습니다(막 8:28). 그들은 왜 예수님을 가리켜 세례 요한, 엘리야, 선지자라고 말합니까? 각각의 호칭에 의거하여 그 이유를 설명해 보십시오.

세례 요한	헤롯의 입을 통해 말하고 있습니다. 마가복음 6:14 _ "이에 예수의 이름이 드러난지라 헤롯왕이 듣고 이르되 이는 세례 요한이 죽은 자 가운데서 살아났도다 그러므로 이런 능력이 그 속에서 일어나느니라 하고"
엘리야	엘리야를 보내겠다고 약속하십니다. 말라기 4:5 _ "보라 여호와의 크고 두려운 날이 이르기 전에 내가 선지자 엘리야를 너희에게 보내리니"
선지자	예수님의 표적과 기적을 보며 누가복음 7:16 _ "모든 사람이 두려워하며 하나님께 영광을 돌려 이르되 큰 선지자가 우리 가운데 일어나셨다 하고 또 하나님께서 자기 백성을 돌보셨다 하더라"

27 예수와 제자들이 빌립보 가이사랴 여러 마을로 나가실새 길에서 제자들에게 물어 이르시되 사람들이 나를 누구라고 하느냐 28 제자들이 여짜와 이르되 세례 요한이라 하고 더러는 엘리야, 더러는 선지자 중의 하나라 하나이다 **마가복음 8:27~28**

2. 예수님은 제자들에게도 "너희는 나를 누구라 하느냐"(막 8:29)고 질문합니다. 이에 베드로는 어떻게 대답합니까?(마 16:16) 그리고 만약 당신이 그 자리에 있었다면, 어떻게 반응했을지도 함께 말해 보십시오.

베드로의 대답 (마 16:16)	"주는 그리스도시니이다 하매~" 그리스도는 '기름 부음 받은 자 = 메시아' 구약에서 기름 부음 받은 자는 왕, 선지자, 제사장을 뜻합니다.
나의 반응	

29 또 물으시되 너희는 나를 누구라 하느냐 베드로가 대답하여 이르되 주는 그리스도시니이다 하매 **마가복음** 8:29

3. 베드로의 신앙고백(마 16:16) 후, 예수님이 베드로에게 하신 말씀을 성경에서 찾아 적어 보십시오(마 16:17~18). 그리고 그 말씀이 우리에게 어떤 교훈을 주는지도 함께 나눠 보십시오.

예수님이 하신 말씀 (마 16:17~18)	"~바요나 시몬아 네가 복이 있도다 이를 네게 알게 한 이는 혈육이 아니요 하늘에 계신 내 아버지시니라 또 내가 네게 이르노니 너는 베드로라 내가 이 반석 위에 내 교회를 세우리니~" 참된 신앙고백은 복과 연결되어 있습니다. 참된 복은 하나님의 뜻을 인간으로 하여금 깨달아 알게 하는 것이고, 이것이 축복입니다.
우리에게 주는 교훈	영적 분별력이 베드로가 받은 복으로, 내 주 그리스도라 고백함으로써 누리는 복입니다. 거듭나지 못한 분별력으로는 도저히 알 수 없는 복음의 비밀입니다.

4. 예수님은 베드로의 신앙고백을 들으신 후, 그제야 십자가 사건을 말씀합니다. 그리고는 아무에게도 이르지 말라고 명합니다. 예수님이 십자가 사건을 함구하라 명하신 이유는 무엇입니까?(막 8:30~31)

> 그 당시 메시아는 정치적 영웅으로 생각되었습니다. 예수님의 본질은 사람과 달랐습니다. 갈등을 조성할 수 있기 때문입니다.
>
> 참고 「현실을 이기는 복음」 144쪽

30 이에 자기의 일을 아무에게도 말하지 말라 경고하시고 31 인자가 많은 고난을 받고 장로들과 대제사장들과 서기관들에게 버린 바 되어 죽임을 당하고 사흘 만에 살아나야 할 것을 비로소 그들에게 가르치시되 **마가복음** 8:30~31

5. 예수님의 십자가 사건을 듣고 만류하던 수제자 베드로는 예수님에게 꾸짖음을 당합니다. 그 이유는 무엇인지 성경에 근거하여 나눠 보십시오(막 8:32~34).

> 본문에서 표현된 '항변하매'는 귀신을 꾸짖을 때 쓰는 단어인데, 베드로가 하나님의 일에 대해 예수님에게 말하는 장면을 '항변하매'라고 표현하고 있습니다. 그 태도에 대해 예수님이 꾸짖으시는 장면입니다.
>
> "~네가 하나님의 일을 생각하지 아니하고 도리어 사람의 일을 생각하는도다 하시고~"
>
> 사탄의 유혹은 십자가를 지는 고난의 길을 가지 않고 적당히 살도록 하는 것입니다. 또한 사탄은 항상 주님보다 앞서갑니다. 내 삶이 주님보다 앞서 내가 주인이 되는 것을 주의해야 합니다.

32 드러내 놓고 이 말씀을 하시니 베드로가 예수를 붙들고 항변하매 33 예수께서 돌이키사 제자들을 보시며 베드로를 꾸짖어 이르시되 사탄아 내 뒤로 물러가라 네가 하나님의 일을 생각하지 아니하고 도리어 사람의 일을 생각하는도다 하시고 34 무리와 제자들을 불러 이르시되 누구든지 나를 따라오려거든 자기를 부인하고 자기 십자가를 지고 나를 따를 것이니라 **마가복음** 8:32~34

6. 예수님은 "누구든지 나를 따라오려거든 자기를 부인하고 자기 십자가를 지고 나를 따를 것이니라"(마 16:24)고 말씀합니다. 이는 구체적으로 어떤 말씀인지 당신의 생각을 정리하여 함께 나눠 보십시오(막 8:35~38).

> 자기를 부인한다는 것은 모른다고 거절하는 것, 즉, 육신의 마음에서 올라오는 생각을 거절하는 것입니다. 그런 의미에서 당시의 베드로는 자기를 부인하지 않았습니다. 자기 십자가는 사명입니다. 내 뜻을 거절하고 하나님의 뜻을 따르는 것입니다(빌립보서 3:8).
>
> '따른다'는 현재 시제로, 끊임없이와 계속해서의 의미와 전심전력의 의미를 갖춘 채 '좇아 나아감'을 뜻합니다. 신앙의 고백은 선명해야 합니다.

35 누구든지 자기 목숨을 구원하고자 하면 잃을 것이요 누구든지 나와 복음을 위하여 자기 목숨을 잃으면 구원하리라 36 사람이 만일 온 천하를 얻고도 자기 목숨을 잃으면 무엇이 유익하리요 37 사람이 무엇을 주고 자기 목숨과 바꾸겠느냐 38 누구든지 이 음란하고 죄 많은 세대에서 나와 내말을 부끄러워하면 인자도 아버지의 영광으로 거룩한 천사들과 함께 올 때에 그 사람을 부끄러워하리라 **마가복음** 8:35~38

1. 당신이 제자훈련을 시작하게 된 이유는 무엇입니까? 구체적으로 당신의 신앙고백을 담아 간증해 보십시오.

16 주는 그리스도시요 살아 계신 하나님의 아들이시니이다 **마태복음** 16:16

2. 예수님을 따르는 제자의 삶에는 반드시 십자가가 있습니다. 당신에게 십자가는 무엇이며, 그 십자가를 어떻게 지고 훈련에 임할지 말해 보십시오.

나의 십자가	
십자가 극복 방안	

24 누구든지 나를 따라오려거든 자기를 부인하고 자기 십자가를 지고 나를 따를 것이니라 **마태복음** 16:24

27 인자가 아버지의 영광으로 그 천사들과 함께 오리니 그 때에 각 사람이 행한 대로 갚으리라 **마태복음** 16:27

1. 베드로는 원래 어부였습니다. 그런 그의 입에서 성경에 기록될 만한 최고의 신앙고백이 흘러나왔습니다. 제자훈련의 시작은 바로 신앙고백에서부터 시작되어야 합니다. 예수님을 향한 당신의 신앙고백을 적어 보십시오.

2. 제자훈련은 세상에서 말하는 진급 시험이 아닙니다. 예수님처럼 작고 낮아지는 것이며, 협착한 길을 가는 것입니다. 훈련생으로 한 주 동안 어떠한 삶을 살아갈지 가정과 교회 그리고 세상으로 구분하여 자세히 적고 다짐해 보십시오.

가정	
교회	
세상	

CHAPTER 2

거듭난 인생

요한복음 3장 1~8절

1 그런데 바리새인 중에 니고데모라 하는 사람이 있으니 유대인의 지도자라

2 그가 밤에 예수께 와서 이르되 랍비여 우리가 당신은 하나님께로부터 오신 선생인 줄 아나이다 하나님이 함께하시지 아니하시면 당신이 행하시는 이 표적을 아무도 할 수 없음이니이다

3 예수께서 대답하여 이르시되 진실로 진실로 네게 이르노니 사람이 거듭나지 아니하면 하나님의 나라를 볼 수 없느니라

4 니고데모가 이르되 사람이 늙으면 어떻게 날 수 있사옵나이까 두 번째 모태에 들어갔다가 날 수 있사옵나이까

5 예수께서 대답하시되 진실로 진실로 네게 이르노니 사람이 물과 성령으로 나지 아니하면 하나님의 나라에 들어갈 수 없느니라

6 육으로 난 것은 육이요 영으로 난 것은 영이니

7 내가 네게 거듭나야 하겠다 하는 말을 놀랍게 여기지 말라

8 바람이 임의로 불매 네가 그 소리는 들어도 어디서 와서 어디로 가는지 알지 못하나니 성령으로 난 사람도 다 그러하니라

암송 말씀

요한복음 3장 3절

3 예수께서 대답하여 이르시되 진시로 진실로 네게 이르노니 사람이 거듭나지 아니
하면 하나님의 나라를 볼 수 없느니

고린도후서 5장 17절

17 그런즉 누구든지 그리스도 안에 있으면 새로운 피조물이라 이전 것은 지나갔으니
보라 새 것이 되었도다

핵심 주제

거듭난 인생의 참 의미를 알고, 참된 신앙인으로 도약한다.

당신은 거듭난 인생입니까? 우리는 이 질문에 대해 자신 있게 '네!' 라고 대답할 수 있어야 합니다. 하지만 현실은 그렇지 못합니다. 왠지 모르게 잠시 고민하다가 주위를 한번 살핀 후에 슬그머니 대답합니다. 왜 그렇습니까? 성령의 강력한 역사, 체험이 있어야만 변화된 인생이라 믿기 때문입니다. 방언이라도 해야 뭔가 거듭난 인생일거라 생각하기 때문입니다.

'거듭남'이란 '다시 태어난다'는 의미로 중생을 말합니다. 우리는 예수 그리스도를 믿으므로 말미암아 하나님의 자녀로 다시 태어났습니다. 육으로 났지만 영으로 다시 태어나야 하고, 이 땅 가운데 났지만 하늘로부터 다시 태어나야 한다는 것입니다. 이 시간을 통해 우리의 신앙을 점검하여 거듭난 인생으로 온전히 살아가길 소망합니다.

1. 만약 당신이 '다시 태어난다면?'을 상상해 보십시오. 어떤 가정에서 어떤 모습으로 태어나 어떻게 성장하고 어떤 모습으로 살아가고 싶습니까?

2. 당신이 가장 중요하게 생각하는 인생의 좌우명은 무엇입니까? 당신이 생각하는 멋진 인생은 어떤 인생인지 자유롭게 나눠 보십시오.

1. 성경은 니고데모에 대하여 '바리새인이요, 유대인의 지도자'라고 말씀합니다(요 3:1). 바리새인과 유대인의 지도자는 각각 어떤 사람을 말하는지 아는 대로 정리해 보십시오. 그리고 당신에게 바리새인과 유대인의 지도자와 같은 모습은 없는지도 점검해 보십시오.

바리새인	율법을 엄격하고 철저하게 지키던 부류의 사람들로, 주로 종교 지도자였습니다. 바리새인이라는 단어 자체가 분리주의자를 뜻하고 있습니다.
유대인의 지도자	산헤드린 공회의 공회원이었습니다. 산헤드린 공회는 약 70명의 의원으로 구성되어 있고 이스라엘의 정치, 경제, 사회, 종교 등 모든 분야에서 법을 집행하는 막강한 권력 기관이었습니다.
나의 모습	

1 그런데 바리새인 중에 니고데모라 하는 사람이 있으니 유대인의 지도자라 **요한복음** 3:1

2. 성경은 니고데모에 대하여 소개함과 동시에 그가 예수님을 찾아왔다고 말씀합니다. 더불어 그가 예수님을 찾아온 때를 기록하고 있습니다(요 3:2). 니고데모가 예수님을 찾아온 때는 언제이며, 그때가 의미하는 바는 무엇입니까?

니고데모가 예수님을 찾은 때	니고데모는 밤에 예수님을 찾아왔습니다. 밤은 보는 눈이 없거나 적은 시간입니다.
그 의미	예수님은 당시 종교 지도자들에게 있어서 경계의 대상이었기 때문에 니고데모가 밤에 예수님을 찾아간 것은 체면을 의식했고, 다른 사람들이 본다면 불이익을 당할 수 있다고 여겼기 때문이었습니다. 니고데모는 모든 것을 감추어 주는 밤 시간을 택해 예수님과의 만남을 사람들에게 들키지 않고 티 내지 않으려 한 것으로 보입니다. 체념, 불의, 믿는 티를 내지 않으려는 니고데모와 같은 연약한 신앙 상태를 점검해야 합니다. '그러나 찾아 왔다' → 영적 갈급함 → 예수님은 누구인가?

2 그가 밤에 예수께 와서 이르되 랍비여 우리가 당신은 하나님께로부터 오신 선생인 줄 아나이다 하나님이 함께하시지 아니하시면 당신이 행하시는 이 표적을 아무도 할 수 없음이니이다 **요한복음** 3:2

3. 예수님은 니고데모에게 거듭나지 않고는 하나님 나라를 볼 수 없다고 말씀합니다 (요 3:3). 이 말씀은 당신에게도 해당됩니다. 지금까지 당신의 신앙생활은 어떠했습니까? 당신은 거듭난 사람입니까? 당신의 대답(예 또는 아니요)에 대한 근거는 무엇입니까?

나의 신앙생활	예수님이 '진실로 진실로 네게 이르노니 사람이 거듭나지 아니하면 하나님의 나라를 볼 수 없느니라' 라는 충격적인 말씀을 하십니다. 지금까지의 너의 신앙은 진짜 신앙이 아니라고 말씀하시는 중입니다. 사람이 다시 태어나지 않으면 하나님의 나라를 볼 수 없다는 것입니다. 육신의 부모로부터 우리는 태어났지만, 하나님으로부터 영적으로 다시 태어나야 합니다.
거듭난 사람 ('예' 또는 '아니요' 에 대한 근거)	위로부터 태어남 = 영적 태어남 지금까지의 너의 신앙이 진짜 신앙이 아니라고 하시는 것, 영적으로 다시 태어나야 합니다.

3 예수께서 대답하여 이르시되 진실로 진실로 네게 이로노니 사람이 거듭나지 아니하면 하나님의 나라를 볼 수 없느니라 **요한복음** 3:3

4. '거듭남'에 대한 니고데모의 이해와 예수님이 말씀하신 참 의미를 성경에 근거하여 각각 적어 보십시오. 더불어 당신은 지금까지 '거듭남'에 대하여 어떤 이해와 생각을 가지고 있었는지 사실대로 나눠 보십시오.

'거듭남'에 대한 니고데모의 이해	니고데모는 거듭나야 한다는 예수님 말씀의 의미, 즉 사람이 두 번 나야 한다는 개념 자체를 이해하지 못하고 있습니다. '사람이 늙으면 어떻게 날 수 있사옵나이까, 두 번째 모태에 들어갔다가 날 수 있사옵나이까'라고 반문하고 있습니다.
예수님이 말씀하신 참 의미	예수님은 육신으로 출생하는 것이 아니라 영으로 출생하는 것을 말씀하고 있습니다. 육신으로 이 땅에 태어났을지 몰라도 아직도 영으로는 태어나지 못했다는 것입니다. 반드시 영적으로 태어나야 한다고 말씀하는 것입니다. 참고 고린도전서 2:1
'거듭남'에 대한 나의 이해와 생각	

4 니고데모가 이르되 사람이 늙으면 어떻게 날 수 있사옵나이까 두 번째 모태에 들어갔다가 날 수 있사옵나이까 5 예수께서 대답하시되 진실로 진실로 네게 이르노니 사람이 물과 성령으로 나지 아니하면 하나님의 나라에 들어갈 수 없느니라 6 육으로 난 것은 육이요 영으로 난 것은 영이니 7 내가 네게 거듭나야 하겠다 하는 말을 놀랍게 여기지 말라 8 바람이 임의로 불매 네가 그 소리는 들어도 어디서 와서 어디로 가는지 알지 못하나니 성령으로 난 사람도 다 그러하니라 **요한복음** 3:4~8

5. 예수님은 '물과 성령으로 나지 아니하면 하나님의 나라에 들어갈 수 없다'고 말씀합니다(요 3:5). 여기서 물은 무엇을 가리키는지 성경에 근거하여 말해 보십시오(요 7:37~38 참고).

> 물 자체가 말씀을 의미하기도 하고 성령을 의미하기도 합니다.
>
> "나를 믿는 자는 성경에 이름과 같이 그 배에서 생수의 강이 흘러나오리라" 하셨는데 (요한복음 7:38), 이것은 성령을 가리킨다고 말씀하고 있습니다. 즉 물과 성령으로 거듭난다는 것은 한마디로 성령으로 가능하다는 것을 뜻합니다. 그래서 8절에 성령님을 다시 한 번 강조하고 있는 것입니다.
>
> 한편 물은 '씻는다'는 의미에서 회개의 세례를 의미한다고 해석될 수도 있습니다. 하나님 앞에 회개함으로 돌이켜야 하는 것입니다. 즉, 거듭나는 것은 회개와 말씀과 성령으로 가능합니다.

37 명절 끝날 곧 큰 날에 예수께서 서서 외쳐 이르시되 누구든지 목마르거든 내게로 와서 마시라 38 나를 믿는 자는 성경에 이름과 같이 그 배에서 생수의 강이 흘러나오리라 하시니 **요한복음 7:37~38**

6. '거듭남'은 참으로 신비한 것입니다. 예수님은 이 신비한 거듭남을 '바람'에 비유합니다(요 3:8). 그 이유는 무엇입니까?

> 바람은 신비한 면이 있습니다. 어디서 생겨서 어디로 불고 어떻게 사라지는지, 그 당시 사람들은 도무지 알 수 없는 신비한 것이었습니다. 그러나 분명 존재합니다. 마찬가지로, 거듭난 사람도 이 신비함과 사실성이 동시에 존재한다는 것입니다.
>
> 거듭난다는 것은 하나님의 자녀로 태어나는 신비스러운 사건이며 실재하는 일입니다.

8 바람이 임의로 불매 네가 그 소리는 들어도 어디서 와서 어디로 가는지 알지 못하나니 성령으로 난 사람도 다 그러하니라 **요한복음 3:8**

1. <요한복음> 1장 12~13절과 <사도행전> 16장 14절을 읽고, 믿음과 거듭남은 서로 어떤 관계에 있는지 설명해 보십시오.

12 영접하는 자 곧 그 이름을 믿는 자들에게는 하나님의 자녀가 되는 권세를 주셨으니 13 이는 혈통으로나 육정으로나 사람의 뜻으로 나지 아니하고 오직 하나님께로부터 난 자들이니라 **요한복음** 1:12~13

14 두아디라 시에 있는 자색 옷감 장사로서 하나님을 섬기는 루디아라 하는 한 여자가 말을 듣고 있을 때 주께서 그 마음을 열어 바울의 말을 따르게 하신지라 **사도행전** 16:14

2. 한 번 거듭나면 다시는 거듭날 필요가 없습니다. <베드로전서> 1장 23~25절을 읽고, 그 이유를 말해 보십시오.

23 너희가 거듭난 것은 썩어질 씨로 된 것이 아니요 썩지 아니할 씨로 된 것이니 살아 있고 항상 있는 하나님의 말씀으로 되었느니라 24 그러므로 모든 육체는 풀과 같고 그 모든 영광은 풀의 꽃과 같으니 풀은 마르고 꽃은 떨어지되 25 오직 주의 말씀은 세세토록 있도다 하였으니 너희에게 전한 복음이 곧 이 말씀이니라 **베드로전서** 1:23~25

1. 당신은 거듭났다는 증거를 어떻게 전합니까? 혹시 '예수님을 믿음으로 거듭났다'고만 전하지는 않습니까? <데살로니가전서> 1장을 통해 데살로니가 교인들의 증거 방법을 정리해 보십시오.

1) 입술과 삶을 통해

2) 믿음의 역사

3) 소망의 인내

4) 사랑의 수고

5) 우상 버림

6) 예수님의 재림 기다림

2. 데살로니가 교인들의 세 가지 증거 방법을 당신에게 적용해 보십시오. 당신은 거듭
   난 인생임을 가정과 교회 그리고 세상에서 어떻게 나타내겠습니까? 그리고 한 주간
   동안 실천해 보십시오.

가정	
교회	
세상	

CHAPTER
3

복음의 능력

로마서 1장 14~17절

14 헬라인이나 야만인이나 지혜 있는 자나 어리석은 자에게 다 내가 빚진 자라

15 그러므로 나는 할 수 있는 대로 로마에 있는 너희에게도 복음 전하기를 원하노라

16 내가 복음을 부끄러워하지 아니하노니 이 복음은 모든 믿는 자에게 구원을 주시는 하나님의 능력이 됨이라 먼저는 유대인에게요 그리고 헬라인에게로다

17 복음에는 하나님의 의가 나타나서 믿음으로 믿음에 이르게 하나니 기록된 바 오직 의인은 믿음으로 말미암아 살리라 함과 같으니라

로마서 1장 16~17절

16 내가 복음을 부끄러워하지 아니하노니 이 복음은 모든 믿는 자에게 구원을 주시는 하나님의 능력이 됨이라 먼저는 유대인에게요 그리고 헬라인에게로다

17 복음에는 하나님의 의가 나타나서 믿음으로 믿음에 이르게 하나니 기록된 바 오직 의인은 믿음으로 말미암아 살리라 함과 같으니라

요한복음 1장 12절

12 영접하는 자 곧 그 이름을 믿는 자들에게는 하나님의 자녀가 되는 권세를 주셨으니

복음의 능력을 힘입어 그리스도의 제자임을 만방에 공표한다.

제자훈련이 어느덧 3주차를 맞이했습니다. 어떤 이는 벌써 고난이 시작되었을 것이고, 어떤 이는 아직도 훈련생임을 부끄러워하여 노출을 꺼릴지 모릅니다. 물론 가족과 주변 사람들로부터 적극적인 호응을 받아 별다른 어려움 없이 훈련을 받는 이도 있을 겁니다. 중요한 것은 어떤 상황이 오더라도 극복할 수 있는 능력이 있냐는 것입니다.

모든 그리스도인에게는 복음의 능력이 있어야 합니다. 죄와 허물을 깨뜨리는 능력, 죽음을 이기는 부활의 능력, 하늘로부터 내려오는 능력 말입니다. 당신에게는 이 복음의 능력이 있습니까? 복음의 능력을 가진 사람은 결코 복음을 부끄러워하지 않습니다. 개인적인 신앙고백도 중요합니다. 그러나 고백과 함께 만인 앞에 그리스도인으로 당당히 공표할 수 있어야 진정 복음의 능력인 것입니다. 이 시간을 통해 복음의 능력을 온전히 소유하길 소망합니다.

1. 제자훈련의 터 다지기 1과에서 배운 신앙고백을 기억합니까? 당신의 신앙고백을 상기하여 적고, 사람들 앞에서 암송해 보십시오.

2. 당신이 그리스도인임을 얼마나 많은 사람이 알고 있습니까? 혹시 친지나 지인 중 당신이 그리스도인인지 모르는 사람이 있습니까? 그 이유는 무엇입니까? 더불어 당신이 그리스도인임을 부끄러워했던 경험이 있으면 솔직하게 나눠 보십시오.

말씀 속으로

1. 바울에게는 '복음의 빚진 자'라는 의식이 있었습니다. 바울이 자신을 가리켜 '복음의 빚진 자'라고 했던 이유는 무엇입니까? 그리고 바울은 '복음의 빚진 자'로 항상 무엇을 열망하며 살았습니까?(롬 1:14~15)

'복음의 빚진 자' 라고 의식했던 이유	바울은 모든 사람들에게 빚진 자라고 말하고 있습니다. 먼저 예수님을 믿게 되었기 때문입니다. 헬라인이나 야만인이나 지혜 있는 자나 어리석은 자나 차별 없이 복음을 들을 대상이 됩니다. 차별이 없고 차이가 없습니다. 그럼에도 먼저 복음을 듣게 된 것입니다. 그런 의미에서 우리 모두가 복음에 빚진 자들입니다.
'복음의 빚진 자'로 열망했던 삶	바울이 열망한 삶은 구원의 복된 소식, 그리스도를 증거하는 것이었습니다. 예수님을 만나고 인생의 목표가 달라졌기 때문입니다. 그는 복음을 전하면서 그 빚을 해결해 나갔습니다.

14 헬라인이나 야만인이나 지혜 있는 자나 어리석은 자에게 다 내가 빚진 자라 15 그러므로 나는 할 수 있는 대로 로마에 있는 너희에게도 복음 전하기를 원하노라 **로마서** 1:14~15

2. 바울이 복음을 부끄러워하지 않았던 이유는 무엇입니까?(롬 1:16) 바울의 삶을 통해 당신의 삶을 돌아볼 때 어떤 느낌이 듭니까? 당신의 삶을 철저하게 반성해 보십시오.

바울이 복음을 부끄러워하지 않았던 이유	바울은 복음을 부끄러워하지 않았습니다. 복음이 하나님의 능력이 됨을 알았기 때문입니다. 능력은 헬라어로 '두나미스'(다이너마이트, 다이내믹의 어원)입니다. 복음은 영적인 다이너마이트와 같다고 할 수 있습니다. 돌 같이 굳은 마음을 깨뜨리고 죄와 악을 이기는 능력이 됩니다. 역동적이며 살아 움직입니다. 그가 누구이든지 복음을 받아들이는 모든 삶을 변화시키는 힘이 있습니다.
바울의 삶을 통해 돌아본 나의 삶	

16 내가 복음을 부끄러워하지 아니하노니 이 복음은 모든 믿는 자에게 구원을 주시는 하나님의 능력이 됨이라 먼저는 유대인에게요 그리고 헬라인에게로다 **로마서** 1:16

3. 바울은 복음에 무엇이 나타났다고 말합니까?(롬 1:17) 하나님의 의의 능력과 복음의 능력을 누리려면 우리는 어떻게 반응해야 합니까?(롬 1:5~6참조)

복음에는 하나님의 의가 나타나 있습니다. 모든 믿는 자에게 주시는 하나님의 의입니다. 죄인들이 의롭게 되고, 거룩한 백성이자 성도가 되는 것입니다. 무슨 믿음인지가 중요합니다. 예수 그리스도가 우리의 죄를 친히 담당하심으로 우리에게 생명이 주어졌다는 사실을 믿는 믿음입니다. 이 복음의 능력을 누리기 위해 우리에게 필요한 것은 믿음과 순종임을 깨달아야 합니다.

17 복음에는 하나님의 의가 나타나서 믿음으로 믿음에 이르게 하나니 기록된 바 오직 의인은 믿음으로 말미암아 살리라 함과 같으니라 **로마서 1:17**

5 그로 말미암아 우리가 은혜와 사도의 직분을 받아 그의 이름을 위하여 모든 이방인 중에서 믿어 순종하게 하나니 6 너희도 그들 중에서 예수 그리스도의 것으로 부르심을 받은 자니라 **로마서 1:5~6**

4. 바울은 <하박국서> 2장 4절을 인용하면서 하나님의 의와 인간의 믿음에 대해서 설명합니다. <로마서> 1장 17절과 <하박국서> 2장 4절을 성경에서 찾아 각각 적어 보십시오. 그리고 의인은 하나님의 의에 대해 어떻게 반응하는 사람인지도 함께 나눠 보십시오.

로마서 1장 17절	
하박국서 2장 4절	
하나님의 의에 대한 의인의 반응	하나님의 의에 대한 우리의 반응은 믿음으로 사는 것이어야 합니다. 오직 의인은 믿음으로 말미암아 삽니다. 시작도 믿음이요, 과정도 믿음이요, 끝도 믿음입니다. 믿음으로 구원 받는 것입니다. 구원 받아 의롭게 된 하나님의 백성들은 믿음을 갖고 살아야 합니다.

4 보라 그의 마음은 교만하며 그 속에서 정직하지 못하나 의인은 그의 믿음으로 말미암아 살리라 **하박국** 2:4

5. <로마서> 1장 17절의 '믿음'은 신실함과 같은 말입니다. 하나님에 대한 언약적 의무를 신실하게 이행하는 것이 믿음인 것입니다. 바울은 "내가 달려갈 길과 주 예수께 받은 사명 곧 하나님의 은혜의 복음을 증언하는 일을 마치려 함에는 나의 생명조차 조금도 귀한 것으로 여기지 아니하노라"(행 20:24)고 고백합니다. 이에 당신은 동의합니까? 지금까지 당신 자신의 영광을 위해 살았다면, 앞으로 어떻게 하나님의 영광을 위해 살지 말해 보십시오.

> 하나님이 주신 은혜에 보답하는 길은 사명에 충성하는 것입니다. 바울은 하나님이 맡기신 사명이 복음을 증거하는 것임을 알았습니다. 그래서 어떻게든지 주의 이름을 전파하기 위해 힘썼습니다. 그는 자신이 복음에 빚진 자임을 알았습니다.
>
> 참고 고린도후서 5:13~14

6. 예수님의 제자 12명 중 10명이 순교했습니다. 복음을 위해 자신의 삶을 온전히 드린 것입니다. 복음을 전하는 일꾼이 반드시 전해야 할 것은 무엇이라 생각합니까? 당신의 생각을 정리한 후, 솔직하게 나눠 보십시오.

> 하나님의 은혜의 복음을 증거하는 것입니다. 천국의 소망을 전하는 것입니다. 나의 입술과 삶을 통해 복음을 전하는 것이 중요합니다.
>
> 참고 사도행전 4:12, 요한복음 14:6

1. <하박국서> 2장 4절을 읽고, 깊이 연구해 보십시오. 여기서 하박국 선지자가 말하는 '믿음'이란 어떤 믿음입니까?

2. 믿음이란 복음의 내용에 대해 단순히 머리로만 동의하는 것이 아닙니다. 복음을 통해 증명된 하나님의 의에 신실하게 반응하는 것입니다. 혹시 당신은 복음을 통해 증명된 하나님의 의를 경험한 적이 있습니까? 이에 어떻게 반응했습니까?

1. 지금까지 살아오면서 당신이 체험했던 복음의 능력을 나눠 보십시오.

2. 제자훈련을 통해 더 많은 복음의 능력을 체험하게 될 것입니다. 그리고 당신은 예수님의 제자로 열방을 향해 나아갈 것입니다. 어떤 제자가 되고자 하는지, 훈련 후에 어떤 사역을 하고자 하는지 가정과 교회 그리고 세상으로 세분화하여 계획하고 나눠 보십시오.

가정	
교회	
세상	

CHAPTER 4

영적 성장의 길

마가복음 1장 21~39절

21 그들이 가버나움에 들어가니라 예수께서 곧 안식일에 회당에 들어가 가르치시매

22 뭇 사람이 그의 교훈에 놀라니 이는 그가 가르치시는 것이 권위 있는 자와 같고 서기관들과 같지 아니함일러라

23 마침 그들의 회당에 더러운 귀신 들린 사람이 있어 소리 질러 이르되

24 나사렛 예수여 우리가 당신과 무슨 상관이 있나이까 우리를 멸하러 왔나이까 나는 당신이 누구인 줄 아노니 하나님의 거룩한 자니이다

25 예수께서 꾸짖어 이르시되 잠잠하고 그 사람에게서 나오라 하시니

26 더러운 귀신이 그 사람에게 경련을 일으키고 큰 소리를 지르며 나오는지라

27 다 놀라 서로 물어 이르되 이는 어찜이냐 권위 있는 새 교훈이로다 더러운 귀신에게 명한즉 순종하는도다 하더라

28 예수의 소문이 곧 온 갈릴리 사방에 퍼지더라

29 회당에서 나와 곧 야고보와 요한과 함께 시몬과 안드레의 집에 들어가시니

30 시몬의 장모가 열병으로 누워 있는지라 사람들이 곧 그 여자에 대하여 예수께 여짜온대

31 나아가사 그 손을 잡아 일으키시니 열병이 떠나고 여자가 그들에게 수종드니라

32 저물어 해 질 때에 모든 병자와 귀신 들린 자를 예수께 데려오니

33 온 동네가 그 문 앞에 모였더라

34 예수께서 각종 병이 든 많은 사람을 고치시며 많은 귀신을 내쫓으시되 귀신이 자기를 알므로 그 말하는 것을 허락하지 아니하시니라

35 새벽 아직도 밝기 전에 예수께서 일어나 나가 한적한 곳으로 가사 거기서 기도하시더니

36 시몬과 및 그와 함께 있는 자들이 예수의 뒤를 따라가

37 만나서 이르되 모든 사람이 주를 찾나이다

38 이르시되 우리가 다른 가까운 마을들로 가자 거기서도 전도하리니 내가 이를 위하여 왔노라 하시고

39 이에 온 갈릴리에 다니시며 그들의 여러 회당에서 전도하시고 또 귀신들을 내쫓으시더라

암송 말씀

디모데후서 3장 16~17절

16 모든 성경은 하나님의 감동으로 된 것으로 교훈과 책망과 바르게 함과 의로 교육하기에 유익하니

17 이는 하나님의 사람으로 온전하게 하며 모든 선한 일을 행할 능력을 갖추게 하려 함이라

요한복음 14장 6절

6 예수께서 이르시되 내가 곧 길이요 진리요 생명이니 나로 말미암지 않고는 아버지께로 올 자가 없느니라

영적 성장은 하나님과의 올바른 교제로부터 시작된다.

하나님과의 교제 방법은 크게 말씀 묵상과 기도로 나눌 수 있습니다. 말씀 묵상은 '경건의 시간' 또는 '큐티'라고도 합니다. 성도라면 누구나 말씀 묵상과 기도가 생활의 일부가 되어야 합니다. 왜냐하면 말씀 묵상과 기도는 하나님과 교제하는 유일한 방법이기 때문입니다. 그렇다면, 당신은 하나님과의 교제를 얼마나 합니까?

한국 교회의 성도들은 참으로 열심히 기도를 합니다. 하지만 말씀 묵상은 여전히 낯설고 어려워합니다. 왜입니까? 그건 바로 말씀 묵상은 교역자(목사, 강도사, 전도사)와 같이 신학을 하거나 성경에 대한 깊은 소견이 있는 자만이 가능한 것이라는 편견 때문입니다. 그러나 하나님과의 올바른 교제는 말씀 묵상과 기도가 적절한 조화를 이룰 때 최적이라 할 수 있습니다. 이 시간을 통해 하나님과의 올바른 교제 방법을 배울 수 있길 소망합니다.

1. 당신은 하루 중 얼마나 많은 시간을 하나님과 교제하며 살아갑니까? 당신의 말씀 묵상과 기도 시간을 솔직하고 자세하게 적어 보십시오.

말씀 묵상	
기도 시간	

2. 말씀 묵상과 기도 외에 하나님과 교제하는 당신만의 비법이 있습니까? 만약 있다면 그 비법을 공유해 보십시오.

1. <마가복음> 1장을 읽고, 예수님의 하루를 정리해 보십시오.

오전 (21~28절)	회당에 들어가서서 하나님의 말씀을 가르치셨습니다. 그리고 귀신을 내쫓으셨습니다.
오후 (29~31절)	회당에서 나와 시몬과 안드레의 집에 들어가셔서 시몬의 장모의 열병을 고치셨습니다.
저녁 (32~34절)	각종 병든 사람들을 고치시고 많은 귀신을 내쫓으셨습니다.
다음 날 새벽 (35절)	일어나 한적한 곳으로 가셔서 기도하셨습니다. 참고 마태복음 4:23 _ 예수님의 사역은 가르치심과 전파하심과 고치심에 있었습니다.

21 그들이 가버나움에 들어가니라 예수께서 곧 안식일에 회당에 들어가 가르치시매 22 뭇 사람이 그의 교훈에 놀라니 이는 그가 가르치시는 것이 권위 있는 자와 같고 서기관들과 같지 아니함일러라 23 마침 그들의 회당에 더러운 귀신 들린 사람이 있어 소리 질러 이르되 24 나사렛 예수여 우리가 당신과 무슨 상관이 있나이까 우리를 멸하러 왔나이까 나는 당신이 누구인 줄 아노니 하나님의 거룩한 자니이다 25 예수께서 꾸짖어 이르시되 잠잠하고 그 사람에게서 나오라 하시니 26 더러운 귀신이 그 사람에게 경련을 일으키고 큰 소리를 지르며 나오는지라 27 다 놀라 서로 물어 이르되 이는 어찜이냐 권위 있는 새 교훈이로다 더러운 귀신들에게 명한즉 순종하는도다 하더라 28 예수의 소문이 곧 온 갈릴리 사방에 퍼지더라 29 회당에서 나와 곧 야고보와 요한과 함께 시몬과 안드레의 집에 들어가시니 30 시몬의 장모가 열병으로 누워 있는지라 사람들이 곧 그 여자에 대하여 예수께 여짜온대 31 나아가사 그 손을 잡아 일으키시니 열병이 떠나고 여자가 그들에게 수종드니라 32 저물어 해 질 때에 모든 병자와 귀신 들린 자를 예수께 데려오니 33 온 동네가 그 문 앞에 모였더라 34 예수께서 각종 병이 든 많은 사람을 고치시며 많은 귀신을 내쫓으시되 귀신이 자기를 알므로 그 말하는 것을 허락하지 아니하시니라 35 새벽 아직도 밝기 전에 예수께서 일어나 나가 한적한 곳으로 가사 거기서 기도하시더니 **마가복음 1:21~35**

2. 당신의 하루(말씀 묵상과 기도 시간 포함)를 구체적으로 정리해 보십시오. 그리고 하루 중 얼마나 많은 시간을 하나님과 교제하고 있는지 분석하여 부족한 부분을 보완해 보십시오. 단, 실천 가능한 보완이어야 합니다.

06:00~12:00	
12:00~18:00	
18:00~24:00	
24:00~06:00	

3. 성경은 살아 있는 하나님의 말씀입니다. 하나님께서 이 말씀을 우리에게 주신 두 가
지 목적이 있는데, 그 목적이 무엇인지 <디모데후서> 3장을 읽고 정리해 보십시오.
더불어 당신이 하나님의 말씀인 성경을 언제부터 믿고 구원을 주시는 하나님의 능
력이라는 사실을 알게 되었는지 솔직하게 말해 보십시오.

하나님이 우리에게 성경을 주신 목적 2가지	1) 구원에 이르는 지혜를 주기 위함입니다. 2) 하나님의 사람으로 온전하게 하며 모든 선한 일을 행할 능력을 갖추게 하기 위함입니다. 다시 말하면, 성경 말씀을 통해 우리는 구원 받고, 주님을 닮아가며, 주님이 맡기신 사명들을 온전히 감당하는 것입니다.
내가 성경을 믿게 된 시점 또는 이유(사건)	

15 또 어려서부터 성경을 알았나니 성경은 능히 너로 하여금 그리스도 예수 안에 있는 믿음
으로 말미암아 구원에 이르는 지혜가 있게 하느니라 **디모데후서** 3:15

17 이는 하나님의 사람으로 온전하게 하며 모든 선한 일을 행할 능력을 갖추게 하려 함이라
디모데후서 3:17

4. 성경은 우리를 온전하게 하기 위한 4가지 기능을 가지고 있습니다. <디모데후서> 3장 16절을 읽고, 4가지 기능을 찾아보십시오. 또한 이 4가지 기능은 무엇이며, 당신의 삶에 어떻게 작용하는지 사실적인 삶에 근거하여 말해 보십시오.

성경의 4가지 기능 (딤후 3:16)	1)교훈 2)책망 3)바르게 함 4)의로 교육하는 것입니다. 교훈을 통해서 깨달음을 주시고, 책망을 통해 회개하게 하시고, 바르게 함으로 교정과 변화를 이루게 하십니다. 그리고 의로 교육 및 훈련함으로 우리를 성장하게 하십니다.
당신의 삶에 미치는 영향	

16 모든 성경은 하나님의 감동으로 된 것으로 교훈과 책망과 바르게 함과 의로 교육하기에 유익하니 **디모데후서** 3:16

5. <마태복음> 6장 5~7절은 기도에 대하여 잘 설명하고 있습니다. 주님이 기뻐하시는 기도는 어떤 기도이며, 우리가 피해야 할 바리새인의 기도는 어떤 기도인지 정리해 보십시오. 그리고 당신의 기도는 어떤지 점검해 보십시오.

주님이 기뻐하시는 기도 (마 6:6~7)	골방의 기도를 말씀하십니다. 기도는 공적인 기도 이전에 사적인 기도임을 깨달아야 합니다. 하나님과의 개인적인 교통이 기도의 본질입니다. 기도는 사람을 기쁘게 하는 것이 아니라 하나님을 기쁘시게 하는 교제입니다.
우리가 피해야 할 기도 (마 6:5)	외식하며 사람에게 보이기 위한 기도를 금하십니다. 외식하는 자들은 사람들의 칭송과 칭찬에 관심이 있습니다. 형식적이고 위선적인 기도를 멀리하라는 뜻입니다. 마음의 자세, 그 중심이 중요하다고 말씀하십니다.
나의 기도 모습	

5 또 너희는 기도할 때에 외식하는 자와 같이 하지 말라 그들은 사람에게 보이려고 회당과 큰 거리 어귀에 서서 기도하기를 좋아하느니라 내가 진실로 너희에게 이르노니 그들은 자기 상을 이미 받았느니라 6 너는 기도할 때에 네 골방에 들어가 문을 닫고 은밀한 중에 계신 네 아버지께 기도하라 은밀한 중에 보시는 네 아버지께서 갚으시리라 7 또 기도할 때에 이방인과 같이 중언부언하지 말라 그들은 말을 많이 하여야 들으실 줄 생각하느니라 **마태복음 6:5~7**

6. 주기도문(마 6:9~13)은 우리가 기도할 때 구해야 하는 내용에 대해 가르칩니다. 하나님의 영광을 위해 먼저 구해야 할 것 3가지와 우리의 필요를 위해 구해야 할 것 3가지를 정리해 보십시오. 더불어 지금까지 당신의 기도에서 최고의 관심사는 무엇이었는지를 생각하며, 하나님의 관심사와 당신의 관심사를 비교해 느낀 점을 솔직히 나눠 보십시오.

| 하나님의 영광을 위해 구해야 할 것 3가지 | 1) 이름이 거룩히 여김을 받으시도록
사실 하나님은 우리의 자세와 상관없이, 우리가 어떻게 부르는지와 상관없이, 거룩하신 분입니다. 거룩하신 하나님입니다. 그러나 문제는 우리가 그 이름을 거룩하게 사용하지 못하는 데 있습니다. 이미 우리는 거룩한 하나님의 자녀가 되었습니다. 그러므로 나를 통해, 또 우리를 통해, 계속해서 그 이름이 거룩히 여김을 받으시도록 기도해야 합니다.

2) 하나님의 나라가 임하시도록
하나님의 나라는 하나님이 다스리시는 세계를 의미합니다. 하나님의 통치와 주권이 행사되는 곳입니다. 하나님의 나라는 예수 그리스도가 이 땅에 오심으로 이 땅에 임했습니다. 그리고 복음이 전파되면서 하나님의 나라가 확장되고 있습니다. 그리고 예수님이 재림하실 때 완성될 것입니다. 이러한 의미에서, 하나님의 나라가 임하게 해달라는 기도 속에는 빨리 복음이 전파되어서 복음을 듣지 못한 이들이 주님에게 돌아오도록 하는 간구가 포함되어 있습니다. 다시 말하면 열심히 전도하며 선교하겠다는 결단이 포함되어 있는 것입니다.

3) 하나님의 뜻이 이루어지도록
하나님의 뜻이 이루어지기 위해 기도하는 것은 하나님의 나라를 구하는 것의 연장선상에 있습니다. 하나님의 통치가 이루어지는 곳에 하나님의 뜻이 이루어지는 것입니다. 하나님의 뜻과 나의 뜻이 항상 반드시 같은 것은 아니라는 사실을 깨달아야 합니다. 예수님이 겟세마네 동산에서 하신 기도처럼 나의 욕구나 소원이 아닌 하나님의 뜻이 이루어지도록 구해야 합니다. |

우리의 필요를 위해 구해야 할 것 3가지	**1) 일용할 양식을 위해서** 우리의 필요들에 관해서도 기도하라고 말씀하십니다. 그러나 우선순위는 분명하게 잘 잡혀 있어야 합니다. 뜨거운 기도만큼 올바른 기도도 중요합니다. 바른 순서가 중요합니다. 일용할 양식이라는 것은 일반적인 양식을 가리키지만 영적인 음식이라는 의미 또한 포함하고 있습니다. 육체적이든 영적이든 성도들의 모든 필요를 가리킨다고 할 수 있습니다. 우리는 우리의 모든 필요들을 하나님에게 매일 의탁해야 합니다. **2) 우리가 우리에게 죄지은 자를 사하여 준 것 같이** 우리의 죄를 용서하기 위하여 하나님의 용서와 인간의 용서를 함께 말씀하고 있습니다. 하나님의 용서를 구하는 자들은 이웃을 용서해 주어야 한다는 강한 책임감을 말씀하고 있습니다. 하나님에게 용서를 받은 자들은 하나님에게 감사함으로 자신들에게 빚진 자들을 적극적으로 용서해야 합니다. 하나님에게 죄를 회개하고 받는 용서는 완전한 용서입니다. 죄 없으신 예수님이 나의 죄를 대신하여 십자가에 죽으심으로 나의 모든 죄가 해결된 것입니다. 하나님의 용서가 나의 것이 되었습니다. 참고 **요한일서 1:8-9** **3) 우리를 시험에 들게 하지 마시고 다만 악에서 구해 주시기를** 예수님을 믿는다고 시험이 없는 것이 아닙니다. 그러나 시험에 들지 않는 것, 즉 시험에 넘어가지 않는 것이 중요합니다. 시험은 우리 주변에 얼마든지 있을 수 있습니다. 그리고 누구에게나 있는 것이고 어느 곳에서나 있을 수 있습니다. 시험을 이기기 위해서는 기도해야 합니다. 깨어 있어야 합니다. 그리고 말씀으로 무장해야 합니다. 예수님은 말씀으로 시험을 이기셨습니다. 말씀과 기도를 통한 성령 충만함이 시험을 이기고 악을 이기는 열쇠입니다.

지금까지 나의 기도의 관심사	
느낀 점	

9 그러므로 너희는 이렇게 기도하라 하늘에 계신 우리 아버지여 이름이 거룩히 여김을 받으시오며 10 나라가 임하시오며 뜻이 하늘에서 이루어진 것 같이 땅에서도 이루어지이다 11 오늘 우리에게 일용할 양식을 주시옵고 12 우리가 우리에게 죄 지은 자를 사하여 준 것 같이 우리 죄를 사하여 주시옵고 13 우리를 시험에 들게 하지 마시옵고 다만 악에서 구하시옵소서 나라와 권세와 영광이 아버지께 영원히 있사옵나이다 아멘 **마태복음** 6:9~13

1. 당신은 하나님과 만날 때 그분의 말씀에 어떤 모습으로 귀를 기울입니까? <시편> 119편을 읽고, 다음의 질문에 대답해 보십시오.

① 하나님의 말씀을 대하는 마음가짐과 그 말씀을 마음에 간직하는 방법을 성경에서 찾아 적어 보십시오. 그리고 당신이 성경을 대할 때를 비교해 말해 보십시오.

97 내가 주의 법을 어찌 그리 사랑하는지요 내가 그것을 종일 작은 소리로 읊조리나이다 98 주의 계명들이 항상 나와 함께하므로 그것들이 나를 원수보다 지혜롭게 하나이다 99 내가 주의 증거들을 늘 읊조리므로 나의 명철함이 나의 모든 스승보다 나으며 100 주의 법도들을 지키므로 나의 명철함이 노인보다 나으니이다 **시편** 119:97~100

② 하나님의 말씀을 배우는 태도는 어떠해야 합니까? 또한 배운 말씀대로 살기 위해서는 어떻게 해야 합니까? 당신은 하나님의 말씀대로 살아가고 있습니까?

101 내가 주의 말씀을 지키려고 발을 금하여 모든 악한 길로 가지 아니하였사오며 102 주께서 나를 가르치셨으므로 내가 주의 규례들에서 떠나지 아니하였나이다 **시편** 119:101~102

2. <히브리서> 기자는 하나님과 교제한다는 말을 참으로 멋지게 표현하였습니다. <히브리서> 4장 16절의 말씀을 찾아서 적고 외워 보십시오.

16 그러므로 우리는 긍휼하심을 받고 때를 따라 돕는 은혜를 얻기 위하여 은혜의 보좌 앞에 담대히 나아갈 것이니라 **히브리서** 4:16

1. 예수님은 매일 분주한 일상 가운데서도 하나님과 만나는 경건의 시간은 반드시 지키셨습니다. 혹시 당신은 여전히 바쁘다는 핑계로 하나님과의 교제 시간을 멀리하고 있지는 않습니까? 매일 시간을 정하거나 매년 계획을 세워도 잘 되지 않는 이유는 무엇입니까? 당신의 실례를 들어 나눠 보십시오.

2. 제자훈련을 통해서라도 하나님과의 교제 시간을 습관화해야 합니다. 말씀 묵상과 기도 시간을 요일별로 구체화하여 계획을 세워 보십시오.

주일	
월요일	
화요일	
수요일	
목요일	
금요일	
토요일	

성부 하나님(하나님)

성부 하나님(하나님)

CHAPTER 1

창조의 하나님

창세기 1장 1~5절

1 태초에 하나님이 천지를 창조하시니라
2 땅이 혼돈하고 공허하며 흑암이 깊음 위에 있고 하나님의 영은 수면 위에 운행하시니라
3 하나님이 이르시되 빛이 있으라 하시니 빛이 있었고
4 빛이 하나님이 보시기에 좋았더라 하나님이 빛과 어둠을 나누사
5 하나님이 빛을 낮이라 부르시고 어둠을 밤이라 부르시니라 저녁이 되고 아침이 되니 이는 첫째 날이니라

창세기 1장 1절

1 태초에 하나님이 천지를 창조하시니라

히브리서 11장 6절

6 믿음이 없이는 하나님을 기쁘시게 하지 못하나니 하나님께 나아가는 자는 반드시 그가 계신 것과 또한 그가 자기를 찾는 자들에게 상 주시는 이심을 믿어야 할지니라

천지 창조를 통해 성삼위 하나님의 개념을 이해한다.

성경은 "태초에 하나님이 천지를 창조하시니라"(창 1:1)고 시작합니다. 당신은 진정 창조주 하나님을 믿습니까? 아마도 당신을 비롯한 모든 훈련생은 동일한 대답을 할 것입니다. "믿습니다!"라고 말입니다. 그럼, 여기서 하나님은 삼위일체 하나님 중 누구를 지칭합니까? 이 질문에 대해서는 모두 주저할 것입니다. 왜냐하면 삼위일체 하나님은 들어봤어도 사실 성경 어디에도 삼위 하나님에 대한 친절한 설명은 없기 때문입니다.

천지창조는 삼위일체 하나님의 작품입니다. 아마도 이 대답이 최적일 듯합니다. 태초에 성부 하나님이 천지를 창조하셨습니다(창 1:1). 말씀으로 말입니다. 여기서 말씀은 성자 하나님(요 1:1)을 지칭합니다. 더불어 하나님의 영, 성령 하나님은 수면 위에 운행하시며 함께하셨습니다(창 1:2). 다시 말해, 삼위일체 하나님이 천지만물을 창조하셨다는 것입니다. 이 시간 우리는 창조의 하나님을 통해 삼위일체 하나님을 알고 온전히 믿길 소망합니다.

1. 교회에 다니지 않는 사람들에게 삼위일체 하나님을 소개한다면, 당신은 어떻게 설명할지 말해 보십시오.

2. 삼위 일체 하나님을 들어보셨을 것입니다. 삼위일체 하나님에 대해 당신이 아는 대로 설명해 보십시오. 틀려도 좋습니다. 최대한 당신이 이해하고 있는 바를 솔직하게 말해 보십시오.

1. <창세기> 1장 1절부터 2장 3절까지 읽고, 천지창조를 육하원칙에 맞추어 설명해 보십시오. 더불어 창조 순서도 정리해 보십시오.

천지 창조	창세기 1:1에서 보듯이, 하나님은 무에서 유를 창조하셨습니다. 하늘과 땅, 우주 만물과 인생을 창조하셨습니다. '태초에 하나님이 천지를 창조하시니라', 진리를 강력하게 선포하고 있습니다. 논리나 설득이 필요한 것이 아니라 진리에 대한 선언입니다. 하나님은 논쟁의 대상이 아니라 예배의 대상입니다. 주어는 내가 아니라 하나님입니다. 인생의 주인은 인간이 아니라 창조주 하나님입니다.
첫째 날	빛을 창조하시고 빛과 어둠을 나누셨습니다.
둘째 날	물과 궁창을 창조하셨습니다. 물 가운데 궁창을 두고 물과 물로 나누셨고, 궁창을 하늘이라 부르셨습니다.
셋째 날	땅과 바다를 창조하셨습니다. 그리고 땅으로 하여금 풀과 씨 맺는 채소, 각기 종류대로 씨앗을 가진 열매 맺는 나무를 내게 하셨습니다.
넷째 날	광명체들을 창조하셨습니다. 큰 광명체는 낮을 주관하게 하고, 작은 광명체는 밤을 주관하게 하셨으며, 별들도 함께 창조하셨습니다.
다섯째 날	물에는 생물이 번성하게 하고, 땅 위 궁창에는 새가 날게 하셨습니다.
여섯째 날	땅에 가축과 기는 것과 땅의 짐승들을 종류대로 창조하셨고, 무엇보다 하나님의 형상대로 사람을 창조하셨습니다.
일곱째 날	일곱째 날을 복되게 하사 거룩하게 하시고 그날에 안식하셨습니다.

2. 하나님의 천지창조는 무(無)에서 유(有)가 나온 것입니다. 이를 통해 존재하게 된 두 가지는 무엇입니까? 다음의 한자와 설명을 보고 연구해 보십시오. 또한 이 모든 것의 창조자는 누구이며, 주권자는 누구인지 근거와 함께 말해 보십시오.

> 태초(太初) = 시간과 질서
> 천지(天地) = 공간과 물질

> 태초 | 인간의 시작, 역사의 시작을 말합니다. 시간이라고 불리는 첫 시점을 말하는 것입니다. 이 시간을 하나님이 창조하셨습니다. 시간의 주인이 하나님임을 말하고 있습니다. 따라서 역사의 주인도 하나님입니다. 나의 인생도 하나님이 주신 것입니다.
>
> 천지 | 하늘과 땅, 공간을 하나님이 창조하신 것입니다. 하나님이 천지를 창조하셨다는 의미는 하나님이 우주만물과 인생을 창조하셨다는 사실과 더불어 그 소유권이 하나님에게 있다는 것을 말씀하고 있는 것입니다. 모든 만물의 주인, 모든 인생의 주인이 하나님입니다. 그렇게 창조하신 것들을 우리에게 맡겨 주셨습니다.

1 태초에 하나님이 천지를 창조하시니라 2 땅이 혼돈하고 공허하며 흑암이 깊음 위에 있고 하나님의 영은 수면 위에 운행하시니라 **창세기 1:1~2**

3. 하나님은 계획을 가지고 행동하시며, 감정을 가지신 인격적인 분입니다. <창세기> 1장을 다시 읽고, 인격적인 하나님을 표현한 부분을 찾아보십시오. 정확한 단어를 제시하고, 그에 대해 설명해 보십시오.

하나님은 침묵하시는 것이 아니라 말씀하십니다. 말씀하신다는 것은 살아서 역사하시는 하나님이라는 뜻입니다. 또한 그 말씀에는 하나님의 주권이 나타나 있습니다. 명령을 통해 창조하시고 다스리셨기 때문입니다. 하나님의 주권적인 역사였습니다. 하나님이 보시기에 좋았다고 하십니다. 구체적 계획을 가지고 행하시고, 감정을 가지신 인격적인 분임을 알 수 있습니다.

3 하나님이 이르시되 빛이 있으라 하시니 빛이 있었고 4 빛이 하나님이 보시기에 좋았더라 하나님이 빛과 어둠을 나누사 5 하나님이 빛을 낮이라 부르시고 어둠을 밤이라 부르시니라 저녁이 되고 아침이 되니 이는 첫째 날이니라 **창세기 1:3~5**

4. <히브리서> 기자는 믿음으로 모든 세계가 하나님의 말씀으로 지어진 줄을 우리가 안다고 말합니다(히 11:4). 더불어 우리는 사도신경을 통해 늘 창조주 하나님을 고백합니다. 그런데 놀라운 것은 이 하나님이 삼위일체 하나님이시라는 것입니다. 그 근거를 신구약 성경에서 찾아 제시해 보십시오.

신명기 6:4 _ 오직 유일하신 하나님

고린도전서 8:6 _ 우리에게 한 하나님

창세기 1:1 _ 엘로힘 / 하나님 | 복수형, 창조하다 | 단수형

창세기 1:2, 6 _ 우리

이사야 48:16 _ 주 여호와, 나, 그의 영

마태복음 28:19 _ 아버지, 아들, 성령

고린도후서 13:13 _ 축도 구절 | 주 예수 그리스도의 은혜, 하나님의 사랑, 성령의 교통하심

5. 삼위일체 하나님은 각각 누구이며, 어떤 모습으로 우리에게 어떤 일을 하시는지 설명해 보십시오. 단, 체험이 아닌 오직 성경에 근거하여 대답하십시오.

성부 하나님	유일신 신명기 6:4 _ ~오직 유일한 여호와이시니 고린도전서 8:6 _ 우리에게 한 하나님~
성자 하나님	삼위일체 창세기 1:1 _ 하나님 엘로힘 / 하나님 | 복수형, 바라 / 창조하다 | 단수형 창세기 1:26 _ '우리'라는 표현 이사야 48:16 _ 주 여호와, 나, 그의 영
성령 하나님	마태복음 28:19 _ 아버지와 아들과 성령의 이름(오노마 이름 | 단수형) 고린도후서 13:13 _ 주 예수 그리스도의 은혜, 하나님의 사랑, 성령의 　　　　　　 교통하심

6. <창세기> 1장 1절을 다시 읽고, 5분 동안 눈을 감고 묵상해 보십시오. 하나님의 신비가 느껴지십니까? 그 신비가 우리의 삶에 온전히 전해져야 합니다. 어떤 신비가 느껴졌는지 당신의 소감을 말하고, 그 신비를 삶에 어떻게 반영하여 반응할지 나눠 보십시오(계 4장 참조).

창조 찬양
요한계시록 4:8~11

삼위일체에 관한 잘못된 설명 사례들
달걀 \| 노른자, 흰자, 껍질
물 \| 얼음, 물, 수증기
빛 \| 적외선, 가시광선, 자외선
태양 \| 태양의 본체, 태양의 빛, 태양의 에너지
역할 \| 아버지, 남편, 직장인

1. 당신의 삶에는 어떤 혼돈이 있습니까? 당신의 삶 속에 무질서한 부분을 솔직하게 말해 보십시오. 그리고 삼위일체 하나님의 주권을 신뢰함으로, 주님께 삶의 질서를 간구해 보십시오.

삶의 무질서한 부분	
주님에게 간구하는 질서	

2. 삼위일체 하나님과 인격적으로 교제하고 있습니까? 인격적인 교제의 이전과 이후의 삶은 반드시 달라진 부분이 있을 것입니다. 비교해 나눠 보십시오. 만약 여전히 인격적인 교제를 못한다면, 그 이유는 무엇인지 솔직히 고백해 보십시오.

1. 하나님은 천지창조 시, 계획을 가지고 창조하셨습니다. 말씀으로 단 한 번에, 단 하루에 끝낼 수 있는 분임에도 말입니다. 이는 우리의 삶도 계획을 가지고 살아가야 함을 말씀합니다. 지금까지 당신의 삶은 계획을 가진 삶이었습니까? 어떤 계획을 가지고 살고 있습니까? 만약 계획이 없었다면, 이 시간 계획을 세워 보십시오. 그리고 제자훈련이 모두 마치는 시점에 확인해 보십시오.

2. 천지를 창조하신 창조주 하나님은 영광과 존귀를 받기에 합당한 분입니다. 당신의 삶에서 창조주 하나님께 영광과 존귀를 어떻게 나타낼지 말해 보십시오. 단, 실천이 가능한 범위에서 구체적으로 말입니다.

가정	
교회	
세상	

전능하신 하나님

창세기 17장 1~5절

1 아브람이 구십구 세 때에 여호와께서 아브람에게 나타나서 그에게 이르시되 나는 전능한 하나님이라 너는 내 앞에서 행하여 완전하라

2 내가 내 언약을 나와 너 사이에 두어 너를 크게 번성하게 하리라 하시니

3 아브람이 엎드렸더니 하나님이 또 그에게 말씀하여 이르시되

4 보라 내 언약이 너와 함께 있으니 너는 여러 민족의 아버지가 될지라

5 이제 후로는 네 이름을 아브람이라 하지 아니하고 아브라함이라 하리니 이는 내가 너를 여러 민족의 아버지가 되게 함이니라

창세기 17장 1절

1 아브람이 구십구 세 때에 여호와께서 아브람에게 나타나서 그에게 이르시되 나는 전능한 하나님이라 너는 내 앞에서 행하여 완전하라

이사야 43장 18~19절

18 너희는 이전 일을 기억하지 말며 옛날 일을 생각하지 말라

19 보라 내가 새 일을 행하리니 이제 나타낼 것이라 너희가 그것을 알지 못하겠느냐 반드시 내가 광야에 길을 사막에 강을 내리니

전능하신 하나님을 바로 알고, 삶의 주권자로 모신다.

한 학생이 시험을 보러 갔습니다. 그런데 문제가 모두 주관식이지 뭡니까? 아무리 보아도 답을 전혀 모르겠더랍니다. 다행인지 불행인지, 그래도 이 학생은 참으로 신실한 믿음을 가진 학생이었습니다. 고민 끝에 학생은 답안지에 자신의 신앙고백을 적었답니다. "선생님, 저는 답을 전혀 모르지만 제가 믿고 섬기는 하나님은 다 알고 계십니다. 저는 모르지만 우리 하나님은 모든 문제를 다 푸실 수 있는 전능하신 하나님입니다." 답지를 본 선생님은 기가 막혔습니다. 그리고는 이렇게 답장을 남겼답니다. "그래, 알았다. 하나님은 100점, 너는 0점!"

이 시간을 통해 전능하신 하나님을 바로 알고 믿을 수 있었으면 합니다. 더불어 우리 삶의 모든 부분을 내려놓고 전능하신 하나님께 전적으로 의지한다는 것의 참 의미를 바로 깨달을 수 있길 소망합니다.

1. 위의 예화를 통해 당신은 어떤 생각을 했습니까? 혹시 당신에게도 이런 신앙의 어리석은 모습이 있지는 않습니까? 당신의 경험을 솔직하게 나눠 보십시오.

2. 당신에게 전능하신 하나님이란 어떤 의미입니까? 당신이 알고 있는 전능하신 하나님에 대해 허심탄회하게 말해 보십시오.

말씀 속으로

1. 하나님은 아브람에게 13년간의 긴 침묵을 깨시고 다시 말씀합니다. 하나님은 아브람에게 무엇을 명령하셨습니까? 당시 아브람의 나이는 몇 살이었습니까?(창 17:1)

> 하나님이 아브람을 75세의 나이에 부르시고 갈대아 우르에서 떠나게 하셨습니다. 큰 민족을 이루게 하겠다고 약속하셨습니다. 그 후 이스마엘을 낳았을 때가 아브람의 나이 86세였습니다(창세기 16:16). 아브라함이 이스마엘을 낳고 13년이 지난 이후, 인간적인 모든 소망이 사라질 무렵인 99세가 되었을 때에 하나님께서 아브람을 다시 찾아오십니다. 그때 사라의 나이는 89세였습니다. 자식을 낳기가 완전히 불가능할 때에 찾아오신 것입니다.

1 아브람이 구십구 세 때에 여호와께서 아브람에게 나타나서 그에게 이르시되 나는 전능한 하나님이라 너는 내 앞에서 행하여 완전하라 **창세기** 17:1

2. 만약 아브람처럼 하나님이 당신에게 오랜 시간 침묵하시다가 다시 말씀을 하셨다면 당신은 어떻게 반응하시겠습니까? 당신의 솔직한 심정을 말해 보십시오. 더불어 이와 비슷한 경험이 있었다면 함께 나눠 보십시오.

> 절망적인 인생의 현장에 하나님은 엘 샤다이의 모습으로 찾아오십니다. 낙심하고 절망하고 포기하고 싶을 때에 우리의 하나님은 전능한 하나님이 되어 주십니다. '인간의 끝은 하나님의 시작'이라는 말이 있습니다. 인생의 막다른 골목에서 하나님은 새로운 문을 여시고 새로운 길로 안내하시는 것입니다.

3. 전능하신 하나님의 약속(언약)은 지연된다고 해서 폐기되는 것이 아닙니다. 하나님의 때와 방법에 따라 성취됩니다. 하나님이 아브람과 한 언약은 무엇입니까?(창 17:2~4)

> 하나님은 아브람에게 큰 번성을 주시고 아브람이 여러 민족의 아버지가 될 것임을 언약하셨습니다. 그러나 아브람은 전능하신 하나님을 믿지 못했기에 여종 하갈을 취하여 이스마엘을 낳았습니다. 나는 불가능하지만 하나님은 가능하십니다. 하나님은 언약을 성취하시는 분입니다. 약속하신 것을 반드시 지키시는 신실하시고 전능하신 분입니다.

2 내가 내 언약을 나와 너 사이에 두어 너를 크게 번성하게 하리라 하시니 3 아브람이 엎드렸더니 하나님이 또 그에게 말씀하여 이르시되 4 보라 내 언약이 너와 함께 있으니 너는 여러 민족의 아버지가 될지라 **창세기** 17:2~4

4. 언약의 증거로 하나님이 주신 아브람의 새 이름은 무엇입니까?(창 17:5) 그리고 새 이름의 뜻과 이름이 의미하는 바가 무엇인지도 함께 적어 보십시오.

아브람의 새 이름	아브라함
새 이름의 뜻	많은 무리의 아비, 열국의 아비 | 단수에서 복수로 바뀜
새 이름이 의미하는 내용	옛 이름과 옛 사람을 벗으라는 의미입니다. 과거의 방식과 스타일을 벗어야 한다는 뜻입니다. 한 가족의 아버지에서 온 열방의 조상이 되는 것입니다. 자신을 위한 삶에서 열방을 위한 삶으로 바뀌었습니다. 신분이 달라지고 인생의 목표가 달라지고 비전과 사명이 달라졌습니다. 아내 사래의 이름도 사라로 바꾸어 주셨습니다. 사라는 열국의 어미라는 뜻을 가지고 있습니다. 자식이 없었지만 열국의 아비, 열국의 어미라는 이름을 주셨습니다. 사람들은 비웃었을지 모르지만 엘샤다이의 역사가 일어난 것입니다.

5 이제 후로는 네 이름을 아브람이라 하지 아니하고 아브라함이라 하리니 이는 내가 너를 여러 민족의 아버지가 되게 함이니라 **창세기 17:5**

5. 하나님은 우리에게 의심이나 불안을 요구하시는 것이 아니라 온전히 신뢰하며 완전하게 행동하길 원하십니다. 바로 전능하신 하나님을 믿고 의지하길 바라시는 것입니다. 당신의 삶은 어떠합니까? 전능하신 하나님을 온전히 믿고 의지하고 있습니까?(대상 16:11, 빌 4:13 참조)

> 모든 것이 주님의 주권임을 믿고 맡겨야 합니다. 하나님 앞에서 행하여 완전하라고 하나님은 말씀하십니다. 완전하라는 것은 하나님을 닮아가라는 뜻입니다. 믿음을 가지라는 의미입니다. 전능하신 하나님을 믿고 신뢰하라는 것입니다.
>
> 참고 믿음의 3가지 요소 | 지식, 동의 및 확신, 결단 및 행함

11 여호와와 그의 능력을 구할지어다 항상 그의 얼굴을 찾을지어다 **역대상** 16:11
13 내게 능력 주시는 자 안에서 내가 모든 것을 할 수 있느니라 **빌립보서** 4:13

6. 전능하신 하나님이 당신의 삶에 있습니까? 당신은 이것을 무엇으로 증명할 수 있습니까? 구체적으로 설명해 보십시오.(대상 29:13)

> 나와 우리의 삶에 역사하신 하나님에 관한 많은 간증들이 있습니다. 이러한 놀라운 간증들이 전능하신 하나님을 증거하고 있습니다. 또한 전능하신 하나님을 믿는다면 감사하며 찬양할 수 있습니다. 감사는 믿음의 고백이고, 찬양은 전능하신 하나님의 능력을 경험하는 통로가 됩니다.
>
> 참고 빌립보서 4:6~7, 시편 23편

13 우리 하나님이여 이제 우리가 주께 감사하오며 주의 영화로운 이름을 찬양하나이다 **역대상** 29:13

1. 전능하신 하나님을 알게 되었을 때 우리가 마땅히 가져야 할 태도는 무엇입니까?
   <신명기>10장 12~13절에 근거하여 당신이 가져야 할 태도를 정리해 보십시오.

12 이스라엘아 네 하나님 여호와께서 네게 요구하시는 것이 무엇이냐 곧 네 하나님 여호와를 경외하여 그의 모든 도를 행하고 그를 사랑하며 마음을 다하고 뜻을 다하여 네 하나님 여호와를 섬기고 13 내가 오늘 네 행복을 위하여 네게 명하는 여호와의 명령과 규례를 지킬 것이 아니냐 **신명기** 10:12~13

2. 당신은 지금까지 살면서 전능하신 하나님께 마땅히 가져야 할 태도를 지켰습니까?
   당신의 삶을 돌아보고 반성해 보십시오.

1. 전능하신 하나님이라는 것은 두 가지 의미가 있습니다. 첫째는 능력에 제한이 없으시다는 것이요, 둘째는 하나님의 주권과 섭리가 포함되어 있다는 것입니다. 머리로 생각하면 쉽게 이해가 가지만, 사실 마음은 동의하기가 어려운 것이 바로 이것입니다. 혹시 당신의 삶에서 이런 갈등을 경험한 적이 있습니까?

2. 제자훈련을 하면서도 우리는 전능하신 하나님을 의심의 눈으로 바라볼 때가 종종 있습니다. 분명히 응답을 받고 시작했는데도, 그 응답에 의심이 생기기 때문입니다. 전능하신 하나님을 믿지만 만나지는 못했기에 조금이라도 삶에 흠집이 나면 고통스러워하는 것입니다. 지금 당면한 각각의 문제들을 솔직히 고백하고 어떻게 극복할지 나눠 보십시오.

가정	
교회	
세상	

CHAPTER 3

목자 되신 하나님

시편 23편 1~6절

1 여호와는 나의 목자시니 내게 부족함이 없으리로다

2 그가 나를 푸른 풀밭에 누이시며 쉴 만한 물 가로 인도하시는도다

3 내 영혼을 소생시키시고 자기 이름을 위하여 의의 길로 인도하시는도다

4 내가 사망의 음침한 골짜기로 다닐지라도 해를 두려워하지 않을 것은 주께서 나와 함께하심이라 주의 지팡이와 막대기가 나를 안위하시나이다

5 주께서 내 원수의 목전에서 내게 상을 차려 주시고 기름을 내 머리에 부으셨으니 내 잔이 넘치나이다

6 내 평생에 선하심과 인자하심이 반드시 나를 따르리니 내가 여호와의 집에 영원히 살리로다

시편 23편 1~6절

1 여호와는 나의 목자시니 내게 부족함이 없으리로다

2 그가 나를 푸른 풀밭에 누이시며 쉴 만한 물 가로 인도하시는도다

3 내 영혼을 소생시키시고 자기 이름을 위하여 의의 길로 인도하시는도다

4 내가 사망의 음침한 골짜기로 다닐지라도 해를 두려워하지 않을 것은 주께서 나
   와 함께하심이라 주의 지팡이와 막대기가 나를 안위하시나이다

5 주께서 내 원수의 목전에서 내게 상을 차려 주시고 기름을 내 머리에 부으셨으니 내
   잔이 넘치나이다

6 내 평생에 선하심과 인자하심이 반드시 나를 따르리니 내가 여호와의 집에 영원히
   살리로다

핵심 주제

성부 하나님은 언제나 우리와 함께 호흡하시며 함께 계신다.

양에 대해서 얼마나 알고 있습니까? 보통 우리는 순하고 착하며 깨끗한 솜털을 기억할 것입니다. 하지만 양은 그리 순종적인 동물이 아닙니다. 푸른 풀밭과 쉴만한 물가에 그대로 있다면 별 탈이 없지만, 시간이 흘러 목자가 더 좋은 풀밭으로 이동시키려면 난리가 납니다. 무심코 웃어넘길 수 있지만, 깊이 생각해 보면 우리의 모습과 비슷하지는 않은지요.

〈시편〉 기자는 "여호와는 나의 목자시니 내게 부족함이 없으리로다"(시 23:1)라고 고백합니다. 하나님은 우리와 늘 함께 계시며 함께 호흡하시는 분입니다. 우리의 필요를 미리 알고 계획하며 준비하는 목자와 같은 분입니다. 이 시간을 통해 우리와 함께 호흡하며 우리의 필요를 미리 채워 주시는 목자 되신 하나님을 깊이 묵상할 수 있길 소망합니다.

1. 어릴 적 부모님(조부모님)을 회상해 보십시오. 당신에게 부모님(조부모님)은 어떤 분으로 기억됩니까? 또는 당신은 자녀에게 어떤 부모가 되고 싶습니까?

2. 당신에게 하나님은 어떤 분입니까? 당신의 생각과 경험을 구체적으로 말해 보십시오. 더불어 당신에게 가장 지표가 되었던 말씀도 함께 나눠 보십시오.

말씀 속으로

1. <시편> 23편은 참으로 주옥같은 말씀입니다. 이 시간 눈을 감고 반복하여 암송해 보십시오. 그리고 깊은 묵상을 통해 느낌 점을 자유롭게 나눠 보십시오.

> 오늘 본문은 시편의 진주라고 불릴 정도로 가장 아름다운 시편 중에 하나라고 할 수 있습니다. 기쁠 때나 슬플 때나 성공할 때나 실패할 때나 늘 묵상되는 말씀입니다. 이 말씀과 관련된 찬양들도 많이 있습니다. '하나님이 나의 목자 되심'이라는 다윗의 체험적 고백입니다. 나의 목자가 되신다는 것은 내가 하나님의 양이라는 말씀입니다.

2. <시편>기자는 "여호와는 나의 목자시니 내게 부족함이 없으리로다"(시편 23:1)라고 고백합니다. 당신의 삶에서 이런 고백이 흘러나온 경험이 있습니까? 어떤 경험이었습니까?

> 우리는 양과 같이 방황하는 존재라고 할 수 있습니다. 인간은 다름 아닌 죄 가운데 방황하는 존재로 이것이 인간의 실체입니다. 성경에 표현된 대로 '우리는 다 양 같은' 존재입니다. 어느 누구도 예외가 없습니다. 모든 사람이 죄를 범하고 의인이 없으되 하나도 없는 것입니다. 양과 같은 인간의 실체에 대한 해답은 하나님이 목자가 되신다는 데 있습니다.

3. 선한 목자 되신 주님은 우리에게 늘 한결같은 사랑을 부어 주시는데, 사실 우리는 <시편> 23편과 같은 고백을 쉽게 하지 못합니다. 그 이유는 무엇입니까?(사 53:6)

6 우리는 다 양 같아서 그릇 행하여 각기 제 길로 갔거늘 여호와께서는 우리 모두의 죄악을 그에게 담당시키셨도다 **이사야 53:6**

4. 당신의 신앙생활을 돌아보길 바랍니다. <이사야서> 53장 6절의 말씀처럼, 당신은 양과 같이 그릇 행한 경험이 있습니까? 어떤 경험이었는지 말해 보십시오. 그리고 혹 지금도 동일한 상황에서 동일한 행동을 범하고 있지는 않은지 점검해 보십시오.

> 양이 방황을 끝내는 완전한 길은 목자와 함께하는 것입니다. 양을 보호하고 양을 인도하고 양의 필요를 공급해 주시는 분이기 때문입니다.

참고

양의 특징 | 본래 양은 자기 보호 능력이나 자기 방어 수단이 없습니다. 뿔이 사나운 것도 아니고, 이빨이 무시무시한 것도 아니고 빠르게 멀리까지 달릴 수 있는 것도 아닙니다. 시력이 좋지 않은데다 예리한 눈을 가진 짐승이 아니기 때문에 맹수들이 접근해도 잘 모릅니다. 순식간에 맹수들의 밥이 될 수 있습니다. 재빠르게 도망치지도 못합니다. 또한 양은 겁이 많고 약합니다. 미련하기도 해서 길을 잃으면 계속 헤맨다고 합니다. 헤엄칠 줄도 몰라서 물을 무서워하고, 털이 많아서 물에 들어가면 몸이 무거워져 움직이기가 어렵습니다. 독초는 물론 썩은 물과 깨끗한 물도 구별하지 못할 정도로 무지하기도 합니다. 어떤 양은 자신의 주인조차 구별하지 못합니다.

5. 주님은 자신을 가리켜 '선한 목자'라고 말씀합니다. <요한복음> 10장을 읽고, 선한 목자와 삯꾼의 차이점을 각각 적어 보십시오.

선한 목자	양들을 위하여 목숨을 버립니다. (11, 15절) 양을 알고 양도 목자를 압니다. (14절)
삯꾼	목자가 아닙니다. 양도 자기의 양이 아닙니다. 이리가 오는 것을 보면 양을 버리고 달아나서 양을 해치게 됩니다. (12절)

6. 선한 목자 되신 주님은 오늘날 우리에게 다음과 같이 말씀합니다. "두려워하지 말라 내가 너와 함께함이라 놀라지 말라 나는 네 하나님이 됨이라 내가 너를 굳세게 하리라 참으로 너를 도와주리라 참으로 나의 의로운 오른손으로 너를 붙들리라"(사 41:10) 이 말씀을 당신에게 적용해 보십시오.

> 하나님은 신실하게 돌봐 주시는 분입니다. 자신의 자존심을 걸고 인도해 주시는 분입니다. 함께하시고 굳세게 하시며 도와주시기로, 끝까지 붙들어 주시기로 약속해 주셨습니다.

1. <시편> 기자는 23편 1절에서 목자 되신 여호와로 인해 부족함이 없다고 말합니다. 그리고 그 이유를 2가지로 설명하는데, 그 2가지 이유는 무엇입니까?

2~3절	푸른 풀밭에 누이시고 쉴 만한 물가로 인도해 주십니다. 나의 영혼을 소생시키시고 하나님의 이름을 위하여 우리를 의의 길로 인도해 주십니다. 내가 회복 받을 만한 이유가 있어서 회복시켜 주시는 것이 아니라 자기의 이름을 위하여 하시는 것입니다. 하나님의 명예를 걸고 우리의 삶을 인도해 주십니다.
4~6절	사망의 음침한 골짜기를 다닐 때가 있지만, 지켜 주십니다. 막대기는 짐승이 오면 치는 무기가 되고, 지팡이는 길을 찾아 갈 때 필요한 도구가 됩니다. 양들을 보호하시고 양들이 가는 길을 인도해 주신다는 뜻입니다. 주님은 세상 끝날까지 우리와 함께하신다고 약속하셨습니다. 원수의 목전에서 상을 차려 주시고 기름을 머리에 바르시며 나의 잔을 넘치게 하십니다. 그렇게 하나님의 선하심과 인자하심이 나를 따르는 것입니다. 끝까지 보호하시고 지키시는 것입니다. 참고 당시에는 사막 기후의 광야에서 독성이 있는 파리와 모기를 쫓아 주는 효과를 얻기 위해 양의 머리에 올리브기름을 발라 주었다고 합니다. 기름을 머리에 바른다는 것은 하나님의 보호가 나에게 임하는 것을 의미합니다.

2. 목자 되신 하나님은 우리를 인도하고 보호하심으로 부족함이 없게 합니다. 여러분이 알고 있는 신구약 성경의 사건을 통해 인도하심과 보호하심을 각각 구별하여 설명해 보십시오.

인도하심	
보호하심	

1. 목자 되신 하나님은 멀리 계시지 않습니다. 우리와 가장 가까운 곳에 계십니다. 이 말씀에 동의합니까? 과거 하나님이 당신을 어떻게 인도하고 보호하셨는지를 돌아보며 고백하는 시간을 가지십시오.

2. 매일의 삶 속에서 함께하시는 하나님께 감사하는 우리가 되길 바랍니다. 일주일 동안 목자 되신 하나님께 어떻게 감사하며 살아갈지와 인도함을 받아야 할지에 대한 기도 제목을 적어 보십시오.

가정	
교회	
세상	

CHAPTER
4

사랑의 하나님

중심 말씀

요한일서 4장 7~12절

7 사랑하는 자들아 우리가 서로 사랑하자 사랑은 하나님께 속한 것이니 사랑하는 자마다 하나님으로부터 나서 하나님을 알고

8 사랑하지 아니하는 자는 하나님을 알지 못하나니 이는 하나님은 사랑이심이라

9 하나님의 사랑이 우리에게 이렇게 나타난 바 되었으니 하나님이 자기의 독생자를 세상에 보내심은 그로 말미암아 우리를 살리려 하심이라

10 사랑은 여기 있으니 우리가 하나님을 사랑한 것이 아니요 하나님이 우리를 사랑하사 우리 죄를 속하기 위하여 화목 제물로 그 아들을 보내셨음이라

11 사랑하는 자들아 하나님이 이같이 우리를 사랑하셨은즉 우리도 서로 사랑하는 것이 마땅하도다

12 어느 때나 하나님을 본 사람이 없으되 만일 우리가 서로 사랑하면 하나님이 우리 안에 거하시고 그의 사랑이 우리 안에 온전히 이루어지느니라

요한일서 4장 7~8절

7 사랑하는 자들아 우리가 서로 사랑하자 사랑은 하나님께 속한 것이니 사랑하는 자 마다 하나님으로부터 나서 하나님을 알고

8 사랑하지 아니하는 자는 하나님을 알지 못하나니 이는 하나님은 사랑이심이라

로마서 5장 8절

8 우리가 아직 죄인 되었을 때에 그리스도께서 우리를 위하여 죽으심으로 하나님께서 우리에 대한 자기의 사랑을 확증하셨느니라

핵심 주제

하나님의 사랑을 바로 알고 세상에 나아가 그 사랑을 전한다.

내가 천사의 말 한다 해도 내 맘에 사랑 없으면
내가 참 지식과 믿음 있어도 아무 소용 없으니
산을 옮길 믿음이 있어도 나 있는 모든 것 줄지라도
나 자신 다 주어도 아무 소용 없네 사랑은 영원하네

이 찬양을 들어보셨을 겁니다. 이 찬양은 사랑에 대해 우리에게 정확히 말해 줍니다. 그런데 사랑의 근원이 누구인지 알고 있습니까? 바로 하나님입니다. "우리가 사랑함은 그가 먼저 우리를 사랑하셨음이라"(요일 4:19), 이 시간을 통해 사랑의 하나님을 알고, 더 나아가 그분의 사랑을 우리의 삶 가운데 적용할 수 있길 소망합니다.

1. 가족이나 연인에 대한 사랑을 기억합니까? 당신의 그 사랑과 설렘에 대하여 나눠 보십시오.

2. 사랑의 종류는 헬라어로 4가지가 있습니다. 아가페, 스토르게, 필레오, 에로스가 바로 그것입니다. 각각에 대하여 아는 대로 설명해 보십시오.

아가페	조건 없이 베푸는 사랑 감정이 없어도 헌신할 수 있는 사랑
스토르게	혈육의 사랑, 가족, 한정되어 있음
필레오	친구 간의 우정
에로스	이성적 사랑

1. 기독교는 '사랑의 종교'라고 합니다. 그 이유는 무엇입니까? 하나님의 자녀인 우리가 왜 서로 사랑해야 하는지 말해 보십시오(요일 4:7~12).

7~8절	하나님은 사랑이시기에 하나님에게 속한 자는 받은 사랑을 나누는 것입니다.
9~11절	우리를 살리시기 위해(우리 죄를 속하시기 위해) 화목 제물로 자기의 독생자를 세상에 보내셨습니다. 하나님이 이같이 우리를 사랑하셨기에 우리도 서로 사랑하는 것이 마땅합니다.
12절	우리가 서로 사랑하면 하나님이 우리 안에 거하시고 그의 사랑이 우리 안에서 온전히 이루어지게 됩니다.

2. 하나님이 우리에게 보여 주신 가장 큰 사랑은 무엇입니까? (요일 4:9) 그 사랑을 통해 우리는 하나님을 '아빠 아버지'라고 부를 수 있게 되었습니다. 바로 하나님의 자녀가 된 것입니다. 그런 우리에게 주신 가장 큰 선물은 무엇입니까? (요 3:16 참조)

하나님이 우리를 살리시기 위해서 자기의 독생자를 세상에 보내 주셨습니다. 우리를 사랑하사 우리 죄를 속하기 위하여 화목 제물로 그 아들을 보내신 것입니다. 그래서 그를 믿는 자마다 멸망하지 않고 영원한 생명을 얻게 하셨습니다.

참고 로마서 5:8, 요한복음 5:24

9 하나님의 사랑이 우리에게 이렇게 나타난 바 되었으니 하나님이 자기의 독생자를 세상에 보내심은 그로 말미암아 우리를 살리려 하심이라 **요한일서 4:9**

16 하나님이 세상을 이처럼 사랑하사 독생자를 주셨으니 이는 그를 믿는 자마다 멸망하지 않고 영생을 얻게 하려 하심이라 **요한복음 3:16**

3. 사랑의 근원이신 하나님께 우리가 배울 수 있는 사랑의 방법은 무엇입니까?(요일 4:10)

> 사랑에는 감정이 중요합니다. 그러나 하나님의 사랑은 더 나아가 언제나 선택과 행동을 포함하고 있습니다. 이것이 아가페의 사랑입니다. 아가페의 사랑은 조건 없는 사랑입니다. 감정이 동하는 것 그 이상으로 의지적으로 헌신하는 것, 가슴이 식거나 차가워져도 결단하고 행동하는 것이 아가페의 사랑입니다.
>
> 우리의 사랑도 하나님의 사랑을 닮아가야 합니다. 나의 선택과 행동을 통해 하나님에 대한 사랑, 이웃에 대한 사랑을 나타내야 합니다. 왜냐하면 하나님은 분명하고 진실한 행위로 우리에게 사랑을 보여 주셨기 때문입니다.

10 사랑은 여기 있으니 우리가 하나님을 사랑한 것이 아니요 하나님이 우리를 사랑하사 우리 죄를 속하기 위하여 화목 제물로 그 아들을 보내셨음이라 **요한일서** 4:10

4. 성경은 보이지 않는 하나님을 어떻게 사랑할 수 있다고 말씀합니까?(요일 4:11~12절) 즉 이 말씀은 우리에게 어떤 행동 강령을 말씀하신 것인지 나눠 보십시오(막 12:29~31).

> 우리가 서로 사랑할 때 하나님의 사랑이 우리에게 온전히 거하게 됩니다. 하나님을 사랑하는 자는 그 형제도 사랑하게 됩니다. 보이는 형제를 사랑하지 않는 자가 보이지 않는 하나님을 사랑하기는 어려울 것입니다.
>
> 참고 요한일서 4:20~21

11 사랑하는 자들아 하나님이 이같이 우리를 사랑하셨은즉 우리도 서로 사랑하는 것이 마땅하도다 12 어느 때나 하나님을 본 사람이 없으되 만일 우리가 서로 사랑하면 하나님이 우리 안에 거하시고 그의 사랑이 우리 안에 온전히 이루어지느니라 **요한일서** 4:11~12
29 예수께서 대답하시되 첫째는 이것이니 이스라엘아 들으라 주 곧 우리 하나님은 유일한 주시라 30 네 마음을 다하고 목숨을 다하고 뜻을 다하고 힘을 다하여 주 너의 하나님을 사랑하라 하신 것이요 31 둘째는 이것이니 네 이웃을 네 자신과 같이 사랑하라 하신 것이라 이보다 더 큰 계명이 없느니라 **마가복음** 12:29~31

5. 사랑할 때 사람은 변화됩니다. 마찬가지로 우리가 하나님의 사랑 안에 거할 때 변화를 경험하게 됩니다. 성경은 어떤 변화를 경험한다고 말씀합니까? 당신도 그런 경험이 있습니까? 구체적으로 어떤 경험이었는지 말해 보십시오.

성경이 말하는 변화 (요일 4:16~21)	하나님의 사랑은 두려움을 이기게 합니다. 하나님의 사랑은 변함이 없고 실패가 없기 때문입니다. 확실하며 영원한 것이기 때문입니다. 크고 넓은 사랑입니다. 어떠한 인생을 살아 왔든지, 현재 있는 모습 그대로가 어떠하든지, 어떤 죄와 상처에 있든지, 모두 상관없이 우리를 안아 주시고 사랑해 주십니다. 그 사랑을 경험하면 자연스럽게 형제를 용서하며 이웃을 사랑하게 됩니다.
나의 경험	

16 하나님이 우리를 사랑하시는 사랑을 우리가 알고 믿었노니 하나님은 사랑이시라 사랑 안에 거하는 자는 하나님 안에 거하고 하나님도 그의 안에 거하시느니라 17 이로써 사랑이 우리에게 온전히 이루어진 것은 우리로 심판 날에 담대함을 가지게 하려 함이니 주께서 그러하심과 같이 우리도 이 세상에서 그러하니라 18 사랑 안에 두려움이 없고 온전한 사랑이 두려움을 내쫓나니 두려움에는 형벌이 있음이라 두려워하는 자는 사랑 안에서 온전히 이루지 못하였느니라 19 우리가 사랑함은 그가 먼저 우리를 사랑하셨음이라 20 누구든지 하나님을 사랑하노라 하고 그 형제를 미워하면 이는 거짓말하는 자니 보는 바 그 형제를 사랑하지 아니하는 자는 보지 못하는 바 하나님을 사랑할 수 없느니라 21 우리가 이 계명을 주께 받았나니 하나님을 사랑하는 자는 또한 그 형제를 사랑할지니라 **요한일서 4:16~21**

6. 진정한 사랑은 희생을 따르기 마련입니다(롬 5:8 참조). 당신은 지금까지 살면서 이웃 사랑을 실천하다가 뜻밖의 희생을 해 본 경험이 있습니까? 그것을 통해 무엇을 느꼈습니까?

나의 깨달음

1. <고린도전서> 13장은 '사랑장'으로 알려져 있습니다. <고린도전서> 13장을 반복해서 읽고, 깊이 묵상해 보십시오. 그리고 사랑에 대한 정의 또는 느낀 바를 정리해 보십시오.

하나님은 사랑의 원천이 되십니다. 누군가를 사랑하지 못하고 있다면 사랑의 원천이신 하나님에게로 돌아가야 합니다. 인간의 사랑은 쉽게 고갈됩니다. 오래가지 못합니다. 그리 깊지도 못합니다. 그러나 사랑받을 자격이 없는 나를 사랑해 주시는 하나님을 만날 때 다른 사람을 사랑할 힘을 얻게 됩니다. 예수님의 십자가 희생의 사랑을 생각할 때 누군가를 위해 희생하고 사랑하며 품어 주게 됩니다.

1. 성경은 "누구든지 하나님을 사랑하노라 하고 그 형제를 미워하면 이는 거짓말하는 자니 보는 바 그 형제를 사랑하지 아니하는 자는 보지 못하는 바 하나님을 사랑할 수 없느니라"(요일 4:20)고 말씀합니다. 당신은 어떻습니까? 이 시간 모두 해결할 수 있길 소망합니다. 어떻게 해결할지 솔직하게 말해 보십시오.

2. 하루아침에 의지만으로 사랑을 실천할 수는 없습니다. 그럼에도 우리가 사랑해야 하는 것은 바로 성부 하나님이 우리에게 먼저 독생자 아들 예수 그리스도를 내어 주셨기 때문입니다. 그 사랑으로 우리가 영생을 얻었기에 우리도 사랑을 실천해야 합니다. 일주일 동안 사랑의 실천을 어떻게 할지, 구체적으로 누구를 어떻게 사랑할지 계획해 보십시오.

가정	
교회	
세상	

성자 하나님(예수님)

3

성자 하나님(예수님)

CHAPTER 1

예수님의 죽음과 부활

빌립보서 2장 5~11절

5 너희 안에 이 마음을 품으라 곧 그리스도 예수의 마음이니

6 그는 근본 하나님의 본체시나 하나님과 동등됨을 취할 것으로 여기지 아니하시고

7 오히려 자기를 비워 종의 형체를 가지사 사람들과 같이 되셨고

8 사람의 모양으로 나타나사 자기를 낮추시고 죽기까지 복종하셨으니 곧 십자가에 죽으심이라

9 이러므로 하나님이 그를 지극히 높여 모든 이름 위에 뛰어난 이름을 주사

10 하늘에 있는 자들과 땅에 있는 자들과 땅 아래에 있는 자들로 모든 무릎을 예수의 이름에 꿇게 하시고

11 모든 입으로 예수 그리스도를 주라 시인하여 하나님 아버지께 영광을 돌리게 하셨느니라

고린도전서 15장 12~22절

12 그리스도께서 죽은 자 가운데서 다시 살아나셨다 전파되었거늘 너희 중에서 어떤 사람들은 어찌하여 죽은 자 가운데서 부활이 없다 하느냐

13 만일 죽은 자의 부활이 없으면 그리스도도 다시 살아나지 못하셨으리라

14 그리스도께서 만일 다시 살아나지 못하셨으면 우리가 전파하는 것도 헛것이요 또 너희 믿음도 헛것이며

15 또 우리가 하나님의 거짓 증인으로 발견되리니 우리가 하나님이 그리스도를 다시 살리셨다고 증언하였음이라 만일 죽은 자가 다시 살아나는 일이 없으면 하나님이

그리스도를 다시 살리지 아니하셨으리라

16 만일 죽은 자가 다시 살아나는 일이 없으면 그리스도도 다시 살아나신 일이 없었을 터이요

17 그리스도께서 다시 살아나신 일이 없으면 너희의 믿음도 헛되고 너희가 여전히 죄 가운데 있을 것이요

18 또한 그리스도 안에서 잠자는 자도 망하였으리니

19 만일 그리스도 안에서 우리가 바라는 것이 다만 이 세상의 삶뿐이면 모든 사람 가운데 우리가 더욱 불쌍한 자이리라

20 그러나 이제 그리스도께서 죽은 자 가운데서 다시 살아나사 잠자는 자들의 첫 열매가 되셨도다

21 사망이 한 사람으로 말미암았으니 죽은 자의 부활도 한 사람으로 말미암는도다

22 아담 안에서 모든 사람이 죽은 것 같이 그리스도 안에서 모든 사람이 삶을 얻으리라

이사야 53장 6절

6 우리는 다 양 같아서 그릇 행하여 각기 제 길로 갔거늘 여호와께서는 우리 모두의
   죄악을 그에게 담당시키셨도다

로마서 10장 9~10절

9 네가 만일 네 입으로 예수를 주로 시인하며 또 하나님께서 그를 죽은 자 가운데서 살
   리신 것을 네 마음에 믿으면 구원을 받으리라
10 사람이 마음으로 믿어 의에 이르고 입으로 시인하여 구원에 이르느니라

핵심 주제

예수님이 누구신지를 바로 알고 십자가 사건의 증인으로 거듭난다.

예수님은 하나님의 독생자 아들이요, 우리를 대신해 십자가의 고난과 죽음을 이기고 부활하신 구원자입니다. 첫 사람 아담으로 인해 우리 가운데 죄악이 들어왔고 영원히 죽을 수밖에 없었습니다. 그러나 사랑의 하나님은 독생자 아들 예수 그리스도를 이 땅에 보내 주심으로 우리에게 죄 사함의 은혜를 주셨습니다. 우리는 예수 그리스도를 믿기만 하면 하나님의 자녀로서 신분을 회복하고 영원한 생명을 누릴 수 있습니다.

그러나 여전히 예수님의 십자가 사건을 부인하며 부활하심을 믿지 않는 자들이 너무나도 많습니다. 제자훈련에 있어서 중요하다고 생각되는 주제가 바로 오늘 배우는 내용입니다. 십자가의 죽으심과 부활하심을 온전히 믿음으로 예수님의 제자이자 하나님의 자녀로 거듭날 수 있길 소망합니다.

1. 예수님은 누구입니까? 최대한 구체적으로 예수님에 대해 아는 대로 말해 보십시오.

2. 예수님의 공생애 3년간의 사역을 아는 대로 말해 보십시오. 가능하다면 시간 순으로 정리해 보십시오.

1. 하나님이 인간에게 주신 최초의 금지 명령은 무엇입니까? 그리고 첫 사람 아담은 그 명령을 어떻게 합니까? 세상에 죄악이 들어오게 된 여정을 말해 보십시오(창 2:15~17, 3:1~8 참조).

하나님이 인간에게 주신 최초의 금지 명령 (창 2:15~17)	하나님은 선악을 알게 하는 열매인 선악과를 먹지 말라고 말씀하셨습니다.
세상에 죄악이 들어오게 된 여정 (창 3:1~8)	아담과 하와가 하나님의 말씀에 불순종하면서 사탄의 유혹에 넘어가 죄를 범하게 되었습니다. 하와가 하나님의 말씀을 전혀 몰랐던 것이 아닙니다. 하와의 문제는 말씀을 철저하게 붙잡지 못하고 희석시키는 데 있었습니다. 정확하게 믿지 않은 것입니다. 하나님은 선악과를 먹지 말라고 하셨는데, 하와는 거기에 덧붙여 '만지지도 말라고 하셨다'고 대답하고 있습니다. 또한 선악과를 먹으면 반드시 죽을 것이라고 말씀하셨는데 하와는 '죽을까 하노라'라고 말씀을 약화시키고 있는 것입니다. 참고 사탄은 하나님과 인간 사이를 이간질합니다. 사탄이 접근하는 이유는 우리로 하여금 하나님과의 관계를 끊어버리기 위한 것임을 알아야 합니다. 사탄은 하나님의 말씀을 의심하게 만들고, 하나님의 뜻을 오해하게 만듭니다. 하나님에 대한 불신을 조장합니다. 그리고 사탄은 인간이 하나님처럼 될 수 있다는 욕망을 부추겨서 우리 자신을 대단한 존재로 여기도록 만듭니다. 하나님을 무시해도 될 정도로 교만하게 만드는 것입니다.

15 여호와 하나님이 그 사람을 이끌어 에덴동산에 두어 그것을 경작하며 지키게 하시고 16 여호와 하나님이 그 사람에게 명하여 이르시되 동산 각종 나무의 열매는 네가 임의로 먹되 17 선악을 알게 하는 나무의 열매는 먹지 말라 네가 먹는 날에는 반드시 죽으리라 하시니라 **창세기 2:15~17**

6 여자가 그 나무를 본즉 먹음직도 하고 보암직도 하고 지혜롭게 할 만큼 탐스럽기도 한 나무인지라 여자가 그 열매를 따먹고 자기와 함께 있는 남편에게도 주매 그도 먹은지라 **창세기 3:6**

2. 첫 사람 아담이 지은 죄가 후손에게 미친 영향은 무엇입니까? 죄로 인해 우리는 어떻게 되었는지 말해 보십시오. 또한 이 사건을 통해 죄를 짓는 일이 얼마나 무서운가를 느끼는 대로 나눠 보십시오(롬 5:12, 17~19 참조).

첫 사람 아담의 죄로 말미암아 모든 인간이 죄를 짓고 정죄에 이른 것입니다. 결국 모든 사람이 사망의 심판을 받게 되었습니다. 그러나 예수 그리스도의 의로운 순종으로 말미암아 인간 모두가 의롭게 되는 길이 열렸습니다.

> **참고 1** 창세기 3:15
> 인생의 모든 문제는 여자의 후손을 통해 해결함 받습니다. 여자의 후손은 예수 그리스도를 의미합니다. 복음을 처음으로 밝히고 있기 때문에 원시 복음이라고 불립니다. 예수 그리스도의 십자가 고난과 부활을 통하여 사탄의 권세를 깨뜨리시고 인간을 구원하시는 구원의 역사를 선포하시는 것입니다.

> **참고 2** 창세기 3:20
> 아담은 그의 아내의 이름을 하와라 불렀습니다. 하와는 생명이라는 뜻입니다. 여자의 후손이 구원하리라 믿었기에 여자를 생명으로 부른 것입니다. 아내의 이름을 통해 자신의 신앙을 고백하고 있습니다. 죄로 인해 영원히 죽을 수밖에 없지만, 이제 여자의 후손을 통해 영원한 생명의 길이 열리는 약속을 믿는다는 것입니다.

> **참고 3** 창세기 3:21
> 가죽옷이 만들어지기까지는 생명 있는 짐승이 피 흘려 희생되어야 합니다. 여기에 대속의 원리가 있습니다. 구약에서 제사할 때 짐승을 잡아 피를 흘리게 합니다. 대속의 제물이 된 짐승은 장차 오실 예수 그리스도를 보여 줍니다. 신약에 이르러 예수님이 이 땅에 오셔서 우리를 대신하여 십자가에 못 박혀 피 흘려 돌아가십니다. 예수님을 믿고 죄 사함을 받으면 누구든지 하나님에게 나아갈 수 있게 된 것입니다.

12 그러므로 한 사람으로 말미암아 죄가 세상에 들어오고 죄로 말미암아 사망이 들어왔나니 이와 같이 모든 사람이 죄를 지었으므로 사망이 모든 사람에게 이르렀느니라 **로마서 5:12**

17 한 사람의 범죄로 말미암아 사망이 그 한 사람을 통하여 왕 노릇 하였은즉 더욱 은혜와 의의 선물을 넘치게 받는 자들은 한 분 예수 그리스도를 통하여 생명 안에서 왕 노릇 하리로다 18 그런즉 한 범죄로 많은 사람이 정죄에 이른 것 같이 한 의로운 행위로 말미암아 많은 사람이 의롭다 하심을 받아 생명에 이르렀느니라 19 한 사람이 순종하지 아니함으로 많은 사람이 죄인 된 것 같이 한 사람이 순종하심으로 많은 사람이 의인이 되리라 **로마서 5:17~19**

3. 첫 사람 아담의 범죄로 인해 우리는 영원히 죽을 수밖에 없었습니다. 이에 하나님은 우리를 대신해 속죄할 어린 양이 필요하셨습니다. 바로, 죄가 없는 완전한 사람으로 말입니다. 그렇다면 우리의 구원자는 왜 사람이 아니면 안 되는지 말해 보십시오(히 9:12, 22 참조). 더불어 예수님이 참 사람이심을 증명해 보십시오(빌 2:6~8).

우리의 구원자가 사람이어야 하는 이유 (히 9:12, 22)	사람이 범죄를 저질렀기에 동물의 피가 아니라 의로운 사람의 피가 필요했습니다. 즉, 완전한 대속의 제물이 필요했던 것입니다. 그러나 모든 인간이 죄를 범했기에 의로운 인간은 없었습니다. 그래서 예수님이 성육신하여 이 땅에 오셨고, 우리의 죄를 위해 대속 제물로 돌아가신 것입니다. 우리를 위하여 독생자를 내어 주신 하나님의 놀라운 사랑을 깨닫게 됩니다.
예수님이 참 사람인 이유 (빌 2:6~8)	참고 1 예수님의 신성 = 참 하나님인 증거 요한복음 1:1, 요한복음 20:28, 로마서 9:5, 빌립보서 2:6, 디도서 2:13, 요한일서 5:20 참고 2 예수님의 인성 = 참 인간인 증거 요한복음 1:14, 빌립보서 2:7~8, 요한일서 4:1~3

12 염소와 송아지의 피로 하지 아니하고 오직 자기의 피로 영원한 속죄를 이루사 단번에 성소에 들어가셨느니라 **히브리서 9:12**

22 율법을 따라 거의 모든 물건이 피로써 정결하게 되나니 피흘림이 없은즉 사함이 없느니라 **히브리서 9:22**

6 그는 근본 하나님의 본체시나 하나님과 동등됨을 취할 것으로 여기지 아니하시고 7 오히려 자기를 비워 종의 형체를 가지사 사람들과 같이 되셨고 8 사람의 모양으로 나타나사 자기를 낮추시고 죽기까지 복종하셨으니 곧 십자가에 죽으심이라 **빌립보서 2:6~8**

4. 예수님의 고난과 죽으심을 성경에 근거하여 사건(체포, 배반, 심문, 재판, 십자가)별로 정리해 보십시오. 그리고 예수님의 수난을 깊이 묵상하는 시간을 가져 보십시오.

체포 (요 18:1~11)	가룟 유다는 은 30에(마태복음 26:15) 그동안 따르던 예수님을 배반하고 팔아넘겼습니다. 그러나 예수님은 미처 예기치 못한 상황에서 불시에 체포된 것이 아니라 미리 체포될 것을 아시고도 그 자리를 피하지 않으셨습니다. 하나님 앞에서 자신을 기꺼이 내어 드리면서 우리를 위해 체포되기로 작정하셨던 것입니다. 십자가의 주도권은 체포하려던 사람들에게 있는 게 아니라 주님 스스로에게 있었습니다. 그 사랑이 정말 귀한 것입니다.
배반 (요 18:15~18, 25~27)	예수님의 수난의 중심에는 제자들의 배반이 있었습니다. 베드로의 믿음은 육적인 믿음이었습니다. 베드로나 가룟 유다 이외에도 예수님을 따르던 제자들은 예수님을 부인하거나 침묵하거나 도망가며 배반하였습니다. 예수님은 기도하셨지만, 제자들은 기도하지 않았습니다. 제자들에게는 예수님을 따라 십자가의 길을 갈 만한 능력이 없었습니다. 생명의 위협을 당하자 모두 예수님으로부터 등을 돌렸습니다.
심문 (요 18:33~40)	예수님에게 십자가형을 내릴 증거나 자료들도 없었고, 재판의 과정도 올바르지 못했습니다. 예수님의 심문은 이미 죽이기로 결정해 놓고 마지막에 형식적인 절차만 거친 것뿐입니다.
재판 (요 19:1~16)	참고 유대인들이 예수님을 죽일 수 있는 핑계는 딱 한 가지였습니다. 신성 모독죄입니다. 그러나 로마의 입장에서 보면 유대인들이 주장하는 신성 모독죄라는 것은 그들의 종교 문제이지 로마법상 사형에 해당하는 죄가 아니었습니다. 그래서 유대인들이 꾀를 내어 예수가 스스로 왕이라고 했으니 로마에 대한 반역을 꾀했다고 총독에게 고발한 것입니다. 여기에 빌라도가 걸려든 것입니다. 빌라도는 로마로부터 부임 받은 총독으로서 유대를 잘 다스려야 하는데, 스스로 왕이라고 하는 사람을 그냥 놔두면 자신의 통치력에 큰 타격을 입을 상황이었습니다. 빌라도는 권력에 약한 사람으로 인간적인 양심과 정치적인 현실 사이에서 고심하며 하는 수 없이 마음에도 없는 재판과 형식적인 심문을 진행했음을 볼 수 있습니다. 죄 없는 사람을 죽이느냐 아니면 총독의 자리에서 물러나느냐, 두 입장 사이에서 고민했지만 결과적으로 빌라도는 정치적인 계산을 하게 됩니다. 여론에 밀려 예수님의 십자가형을 결정한 것입니다.

십자가 (요 19:17~30)	십자가의 죽음은 가장 잔인하고 무서운 죽음입니다. 그 고통은 우리의 상상을 초월합니다. 그럼에도 불구하고 십자가 죽음을 감당하신 이유가 있습니다. 바로 우리의 저주를 대신 받으신 것입니다. 빌라도는 예수님에게서 죄를 찾지 못했다고 세 번에 걸쳐 고백하고 선언했습니다. 예수님은 빌라도의 재판대로 죄가 전혀 없는 분입니다. 죄가 없어야 인간의 죄를 용서하실 수 있고, 인간의 죄를 대신 지고 인간을 죄에서 구원하실 수 있습니다. 참고 십자가를 보면 하나님의 사랑을 보게 됩니다. 하나님의 사랑을 보면 우리 인생의 궤도를 바꾸게 되고 목표를 수정하게 됩니다. 죄인으로서 아무런 가치도 없는 자에게 세상에서 가장 소중한 선물을 주시고자 환산할 수 없는 값을 치르시면서 나를 사랑하시고 살려주신 것입니다. 죄의 끔찍한 저주와 고통을 대신 짊어지신 하나님의 사랑을 경험하게 됩니다.

5. 당시 십자가상의 처형은 최고의 형벌이요, 저주스럽고 참혹한 사형의 방법이었습니다. 이 처절한 피 흘림으로 인해 우리는 구원을 받게 된 것입니다. 그렇다면 구원을 위해 왜 피 흘림이 절대적으로 필요했는지 설명하고, 또한 예수님의 피로 드린 제사의 완전성에 대하여 성경에 근거하여 정리해 보십시오.

피 흘림이 절대적으로 필요한 이유 (레 17:11, 히 9:22)	육체의 생명이 피에 있고, 피 흘림이 없으면 죄 사함이 없습니다.
예수님의 피로 드린 제사의 완전성 (히 10:10,12,14,18)	예수님의 십자가 죽음은 죄 사함을 영원히 온전하게 하시는 제사입니다. 그래서 죄를 사하기 위해 다시 제사를 드릴 필요가 없습니다. 우리는 예수 그리스도의 십자가의 완전한 대속적 죽음을 믿어야 합니다.

11 육체의 생명은 피에 있음이라 내가 이 피를 너희에게 주어 제단에 뿌려 너희의 생명을 위하여 속죄 하게 하였나니 생명이 피에 있으므로 피가 죄를 속하느니라 **레위기** 17:11

22 율법을 따라 거의 모든 물건이 피로써 정결하게 되나니 피 흘림이 없은즉 사함이 없느니

라 **히브리서 9:22**

10 이 뜻을 따라 예수 그리스도의 몸을 단번에 드리심으로 말미암아 우리가 거룩함을 얻었노
라 **히브리서 10:10**

12 오직 그리스도는 죄를 위하여 한 영원한 제사를 드리시고 하나님 우편에 앉으사 **히브리서 10:12**

14 그가 거룩하게 된 자들을 한 번의 제사로 영원히 온전하게 하셨느니라 **히브리서 10:14**

18 이것들을 사하셨은즉 다시 죄를 위하여 제사 드릴 것이 없느니라 **히브리서 10:18**

6. 예수님은 십자가에서 죽으신 지 삼일 만에 다시 살아나셨습니다. 부활과 함께 예수
님이 얻으신 3가지 영광은 무엇입니까?(빌 2:9~11) 더불어 예수님의 부활이 우리에
게 가져다준 축복은 무엇입니까?(롬 4:25, 고전 15:20~21)

부활하심으로 예수님이 얻으신 3가지 영광 (빌 2:9~11)	1) 예수님은 십자가의 죽음을 통해 지극히 높여지셨습니다. 2) 모든 이름 위에 뛰어난 이름을 얻으셔서 그 이름 앞에 모든 이들이 무릎 꿇게 하셨습니다. 3) 모든 입으로 예수님을 주로 시인하여 하나님 아버지에게 영광을 돌리게 하셨습니다.
부활이 우리에게 가져다준 축복 (롬 4:25, 고전 15:20~21)	우리는 예수 그리스도를 믿음으로 의롭게 되었습니다. 잠자는 자들의 첫 열매가 되신 예수 그리스도를 따라 우리도 부활의 소망을 얻게 되었습니다.

9 이러므로 하나님이 그를 지극히 높여 모든 이름 위에 뛰어난 이름을 주사 10 하늘에 있는
자들과 땅에 있는 자들과 땅 아래에 있는 자들로 모든 무릎을 예수의 이름에 꿇게 하시고
11 모든 입으로 예수 그리스도를 주라 시인하여 하나님 아버지께 영광을 돌리게 하셨느니라
빌립보서 2:9~11

25 예수는 우리가 범죄한 것 때문에 내줌이 되고 또한 우리를 의롭다 하시기 위하여 살아나
셨느니라 **로마서 4:25**

20 그러나 이제 그리스도께서 죽은 자 가운데서 다시 살아나사 잠자는 자들의 첫 열매가 되
셨도다 21 사망이 한 사람으로 말미암았으니 죽은 자의 부활도 한 사람으로 말미암는도다 **고
린도전서 15:20~21**

1. 예수님은 신성과 인성을 모두 가진 분입니다. 예수님이 참 하나님이신 증거와 참 사람이신 증거를 성경에 근거하여 말해 보십시오.

참 하나님이신 증거 (요 14:8~11)	요한복음 1:1 _ "태초에 말씀이 계시니라 이 말씀이 하나님과 함께 계셨으니 이 말씀은 곧 하나나님이시니라"
	요한복음 20:28 _ "도마가 대답하여 이르되 나의 주님이시요 나의 하나님이시니이다"
	로마서 9:5 _ "조상들도 그들의 것이요 육신으로 하면 그리스도가 그들에게서 나셨으니 그는 만물 위에 계셔서 세세에 찬양을 받으실 하나님이시니라 아멘"
	빌립보서 2:6 _ "그는 근본 하나님의 본체시나 하나님과 동등됨을 취할 것으로 여기지 아니하시고"
	디도서 2:13 _ "복스러운 소망과 우리의 크신 하나님 구주 예수 그리스도의 영광이 나타나심을 기다리게 하셨으니"
	요한일서 5:20 _ "또 아는 것은 하나님의 아들이 이르러 우리에게 지각을 주사 우리로 참된 자를 알게 하신 것과 또한 우리가 참된 자 곧 그의 아들 예수 그리스도 안에 있는 것이니 그는 참 하나님이시요 영생이시라"
참 사람이신 증거 (히 2:14~18, 빌 2:6~8)	요한복음 1:14 _ "말씀이 육신이 되어 우리 가운데 거하시매 우리가 그의 영광을 보니 아버지의 독생자의 영광이요 은혜와 진리가 충만하더라"
	빌립보서 2:7~8 _ "오히려 자기를 비워 종의 형체를 가지사 사람들과 같이 되셨고 사람의 모양으로 나타나사 자기를 낮추시고 죽기까지 복종하셨으니 곧 십자가에 죽으심이라"
	요한일서 4:1~3 _ "사랑하는 자들아 영을 다 믿지 말고 오직 영들이 하나님께 속하였나 분별하라 많은 거짓 선지자가 세상에 나왔음이라 이로써 너희가 하나님의 영을 알지니 곧 예수 그리스도께서 육체로 오신 것을 시인하는 영마다 하나님께 속한 것이요 예수를 시인하지 아니하는 영마다 하나님께 속한 것이 아니니 이것이 곧 적그리스도의 영이니라 오리라 한 말을 너희가 들었거니와 지금 벌써 세상에 있느니라"

2. 신성과 인성을 모두 가지신 예수 그리스도만이 우리의 유일한 구원자가 됩니다. 1권 의 1과에서 고백했던 당신의 신앙고백을 기억합니까? 이 시간 우리의 유일한 구원자 되신 예수 그리스도를 다시금 고백해 보십시오.

1. 예수님의 십자가로 인해 우리는 죄 사함을 받았고, 그의 부활로 영원한 생명을 얻었습니다. 이 진리가 당신에게 처음 전해지고 진심으로 믿어진 때는 언제입니까? 더불어 십자가의 사랑이 당신의 삶에 일으킨 가장 큰 변화는 무엇입니까?

2. 하나님은 예수님의 십자가로 자신의 사랑을 우리에게 확증하셨습니다(롬 5:8). 그 큰신 사랑을 받은 우리가 어찌 이대로 있을 수 있겠습니까? 한 주간 동안 세상에 나아가 살면서 하나님의 사랑을 전할 수 있길 소망합니다. 가정과 교회 그리고 세상에서 어떤 모습으로 십자가의 사랑을 전할지 계획하고 실천해 보십시오.

가정	
교회	
세상	

CHAPTER 2

예수님의 사역 I 기적

마가복음 6장 34~44절

34 예수께서 나오사 큰 무리를 보시고 그 목자 없는 양 같음으로 인하여 불쌍히 여기사 이에 여러 가지로 가르치시더라

35 때가 저물어가매 제자들이 예수께 나아와 여짜오되 이곳은 빈 들이요 날도 저물어 가니

36 무리를 보내어 두루 촌과 마을로 가서 무엇을 사 먹게 하옵소서

37 대답하여 이르시되 너희가 먹을 것을 주라 하시니 여짜오되 우리가 가서 이백 데나리온의 떡을 사다 먹이리이까

38 이르시되 너희에게 떡 몇 개나 있는지 가서 보라 하시니 알아보고 이르되 떡 다섯 개와 물고기 두 마리가 있더이다 하거늘

39 제자들에게 명하사 그 모든 사람으로 떼를 지어 푸른 잔디 위에 앉게 하시니

40 떼로 백 명씩 또는 오십 명씩 앉은지라

41 예수께서 떡 다섯 개와 물고기 두 마리를 가지사 하늘을 우러러 축사하시고 떡을 떼어 제자들에게 주어 사람들에게 나누어 주게 하시고 또 물고기 두 마리도 모든 사람에게 나누시매

42 다 배불리 먹고

43 남은 떡 조각과 물고기를 열두 바구니에 차게 거두었으며

44 떡을 먹은 남자는 오천 명이었더라

암송 말씀

빌립보서 4장 6~7절

6 아무것도 염려하지 말고 다만 모든 일에 기도와 간구로 너희 구할 것을 감사함으로 하나님께 아뢰라

7 그리하면 모든 지각에 뛰어난 하나님의 평강이 그리스도 예수 안에서 너희 마음과 생각을 지키시리라

에베소서 3장 20~21절

20 우리 가운데서 역사하시는 능력대로 우리가 구하거나 생각하는 모든 것에 더 넘치도록 능히 하실 이에게

21 교회 안에서와 그리스도 예수 안에서 영광이 대대로 영원무궁하기를 원하노라 아멘

핵심 주제

오늘도 우리의 삶을 통해 역사하시는 주님과 담대히 동행한다.

예수님이 오병이어를 가지고 오천 명을 먹이신 사건은 기적이었습니다. 그러나 그 기적을 보며 놀랍게 여겨 예수님을 왕으로 삼으려 했던 사람들은 이내 예수님을 십자가에 못 박는 일에 동조했습니다. 기적은 기적일 뿐입니다. 우리는 성경 속의 기적들에게만 시선을 고정하면 안 됩니다. 그 기적을 행하신 예수님께 초점을 맞추어야 합니다.

예수님은 존재 자체만으로도 기적인 분입니다. 전지전능, 무소부재하신 하나님이 모든 것에 제약이 따르는 인간이 되신 것 자체가 기적인 것입니다. 우리는 이 기적으로 엄청난 사랑과 은혜를 받았습니다. 이 시간을 통해 영원히 죽어야 할 우리를 긍휼히 여기심으로 구원의 기적을 행하신 예수님을 세상 가운데 온전히 전할 수 있길 소망합니다.

1. 사복음서에 나와 있는 예수님이 행하신 기적들을 아는 대로 정리해 보십시오. 그리고 그 기적을 통해 당신이 느끼거나 감동 받은 것을 함께 나눠 보십시오.

2. 당신은 기적에 대하여 어떻게 생각합니까? 오늘날에도 예수님 당시와 같은 기적이 가능하다고 생각합니까? 혹시 당신이 보거나 체험한 기적이 있습니까?

1. 예수님께 나아오는 '큰 무리'를 본 예수님의 마음은 어떠했습니까?(막 6:34) 그리고 예수님은 그들을 향해 왜 그런 심정을 가지셨습니까? 예수님의 마음을 묵상해 보십시오.

> 예수님은 큰 무리를 보시고 불쌍히 여기셨습니다. 그들이 목자 없는 양 같았기 때문입니다. 우리의 인생을 긍휼히 여겨 주셔서 사랑해 주시는 예수님입니다.
>
> 참고 이사야 53:6

34 예수께서 나오사 큰 무리를 보시고 그 목자 없는 양 같음으로 인하여 불쌍히 여기사 이에 여러 가지로 가르치시더라 **마가복음** 6:34

2. 예수님이 열정적으로 복음을 전하시는 사이 어느덧 저녁이 되었습니다. 이때 제자들이 예수님께 나아와 했던 말은 무엇입니까?(막 6:35~36) 제자들이 예수님께 이와 같이 말한 까닭은 무엇입니까?

> 제자들은 무리가 배고파하는 것을 알고 있었지만, 자신들에게는 나누어줄 양식이 없었기에 무리를 보내어 마을로 가서 무엇이든지 사 먹도록 허락해 주시라고 예수님에게 요청하고 있습니다. 제자들은 자신들이 무언가를 줄 수 있다고 생각하지 못했습니다. 자신들의 단순한 경험과 지식에 따라 예수님에게 말하고 있는 모습입니다.

35 때가 저물어가매 제자들이 예수께 나아와 여짜오되 이곳은 빈 들이요 날도 저물어가니 36 무리를 보내어 두루 촌과 마을로 가서 무엇을 사먹게 하옵소서 **마가복음** 6:35~36

3. 제자들의 말에 예수님은 "너희가 먹을 것을 주라"(막 6:37)고 말씀하셨습니다. 이에 제자들의 대답과 반응은 어떠했습니까? 만약 당신이 제자들 중 한 사람이었다면 어떻게 반응했을지 솔직하게 말해 보십시오.

> 예수님이 '너희가 먹을 것을 주라'고 말씀하신 것은 제자들이 무리에게 먹을 것을 줄 수 있다고 여기셨기 때문입니다. 그러나 제자들은 이백 데나리온도 부족할 것이라고 주님의 말씀에 반문하며 신뢰하지 못했습니다(요한복음 6:7). 예수님이 그렇게 말씀하셨다면, 그것은 이루어지는 것입니다. 나에게 도저히 돌파구가 보이지 않더라도 주님의 기적과 일하심을 믿고 의지해야 하는 이유입니다. 경험과 논리가 불가능성에 도달하게 될 때 우리는 주님을 붙들어야 합니다. 우리의 경험이나 지식들이 아니라 주님의 말씀을 의지해야 합니다. 주님에게는 불가능이 없고 제한이 없습니다. 기적의 능력이 그분에게 있는 것입니다. 우리에게는 주님의 말씀을 따르는 겸손한 순종이 필요할 뿐입니다.

37 대답하여 이르시되 너희가 먹을 것을 주라 하시니 여짜오되 우리가 가서 이백 데나리온의 떡을 사다 먹이리이까 **마가복음** 6:37

4. "무리를 보내어 두루 촌과 마을로 가서 무엇을 사 먹게 하옵소서"(막 6:36)라는 제자들의 말과 "너희가 먹을 것을 주라"(막 6:37)는 예수님의 말씀은 어떻게 다릅니까? 혹시 당신도 지금까지는 제자들과 같은 모습이 아니었는지 돌아보십시오.

5. 남자만 오천 명이었습니다. 그리고 음식은 오병이어뿐이었습니다. 당신은 오병이어로 남자 오천 명을 먹일 수 있다고 생각합니까? 그런데 예수님은 오병이어를 가지고 무엇을 하셨습니까?(막 6:41) 예수님의 행동을 관찰하고, 당신과 다른 가장 큰 차이점을 발견해 보십시오.

> 예수님은 한 아이의 보리떡 다섯 개와 물고기 두 마리의 헌신을 받으시고 축복과 감사의 기도를 드리셨습니다. 그리고 이를 통해 모두가 배부른 풍성한 기적을 이루셨습니다. 주님은 우리의 헌신을 통해서도 더욱 놀라운 부흥과 기적의 역사를 이루어 주십니다. 우리의 시간을 드리고, 건강을 드리고, 물질과 재능과 기도를 드리고, 하나님이 허락하신 우리의 소중한 것들을 주님 손에 올려놓을 때 드린 것보다 더 많은 것들을 남기는 오병이어의 기적이 우리의 삶 속에 일어나게 됩니다. 더 나아가 많은 영혼들이 생명의 떡이신 예수님을 만나는 축복의 통로로 우리를 사용하여 주십니다.

41 예수께서 떡 다섯 개와 물고기 두 마리를 가지사 하늘을 우러러 축사하시고 떡을 떼어 제자들에게 주어 사람들에게 나누어 주게 하시고 또 물고기 두 마리도 모든 사람에게 나누시매
마가복음 6:41

6. 오병이어의 기적을 통해 당신은 무엇을 느낍니까? 예수님과 제자 그리고 무리들로 나눠서 그들의 모습이 어떠했는지 정리해 보십시오. 더 나아가 이 기적을 본 당신의 모습은 어떠한지 돌아보고, 제자훈련을 통해 어떤 모습으로 거듭나고 싶은지 솔직하게 고백해 보십시오.

예수님	무리를 불쌍히 여기심, 가르치심, 사명을 주심, 오병이어를 가지고 축사하심, 무리의 모든 사람에게 나누어 먹이심
제자들	합리적이고 현실적이지만, 주님의 말씀을 온전히 믿지 못함 계산적인 판단과 경험에 근거한 모습 그러나 예수님은 제자들을 통해 양식을 나누어 주도록 하심
큰 무리	굶주림, 목자 없는 양과 같음 예수님의 기적 같은 채우심을 통해 다 배불리 먹음 예수님을 믿는 게 아니라 예수님이 주신 축복에 집착하여 예수님을 임금 삼으려는 세속적인 모습을 보임(요한복음 6:15).
나의 모습 (현재, 미래)	

참고

예수님의 부활의 기적을 제외한다면, 오병이어 사건은 사복음서 모두에 나타나는 유일한 기적입니다. 오병이어에 담긴 중요한 주제는 예수님이 우리 삶의 확실한 공급자가 되신다는 사실입니다. 육체적인 필요만이 아닙니다. 요한복음 6:35에서"나는 생명의 떡이니 내게 오는 자는 결코 주리지 아니할 터이요 나를 믿는 자는 영원히 목마르지 아니하리라"고 말씀하십니다. 진정한 떡은 예수 그리스도입니다. 우리에게는 영원한 생명의 공급이 필요하기에 우리가 사람들에게 나누어 주어야 할 떡은 바로 예수 그리스도입니다.

오병이어의 기적 사건은 궁극적으로 예수님이 우리가 기다리고 기다리던 메시아, 즉 구원자임을 보여줍니다. 예수님은 우리의 육체적인 필요뿐만이 아니라, 영혼을 비롯한 삶의 모든 부분에서 진정한 구원자요 공급자임을 보여주는 것입니다. 더 나아가 우리 모두는 이 생명의 주님을 모든 이들에게 전하고 나누는 삶을 살아야 한다고 가르쳐 줍니다.

1. 예수님은 큰 무리를 보시고 목자 없는 양같이 불쌍히 여기시며 천국 복음을 가르쳐 주셨습니다. 뿐만 아니라 이들에게 떡 다섯 개와 물고기 두 마리로 배불리 먹이시는 기적을 베풀어 주셨습니다. 예수님은 언제나 우리의 영혼뿐만 아니라 육체의 필요에도 관심을 가지시고 해결해 주시기를 원하십니다. 현재 나에게 영적으로 필요한 것이 있다면 무엇인지 그리고 육적으로 필요한 부분이 있다면 무엇인지 함께 나누어 보십시오.

2. 예수님의 긍휼한 마음을 가지고 지금 내가 다가가야 할 나의 관심과 돌봄이 필요한 사람들이 있는지 살펴보고 그들을 어떻게 섬겨야 할지도 함께 나누어 보십시오.

1. 예수님이 행하신 기적은 제자들도 보았고, 무리도 함께 보았습니다. 오병이어의 기적만이 아닙니다. 복음서의 모든 기적에는 두 부류의 사람들이 항상 함께했습니다. 그러나 예수님이 십자가에서 처형될 때, 이후의 삶은 두 부류가 극과 극으로 나타납니다. 당신의 모습은 어떠합니까? 진짜 믿음을 가진 진짜 제자라고 할 수 있습니까?

2. 성경은 "누구든지 그리스도 안에 있으면 새로운 피조물이라"(고후 5:17)고 말씀합니다. 우리는 그리스도를 우리의 구주로 고백했습니다. 제자훈련이 시작되고 당신의 삶 가운데 기적적으로 채워지고 변화된 부분은 무엇입니까? 그리고 지금 주님의 도움이 필요한 것이 무엇입니까?

가정	
교회	
세상	

CHAPTER 3

예수님의 사역 Ⅱ 고치심

누가복음 17장 11~19절

11 예수께서 예루살렘으로 가실 때에 사마리아와 갈릴리 사이로 지나가시다가

12 한 마을에 들어가시니 나병환자 열 명이 예수를 만나 멀리 서서

13 소리를 높여 이르되 예수 선생님이여 우리를 불쌍히 여기소서 하거늘

14 보시고 이르시되 가서 제사장들에게 너희 몸을 보이라 하셨더니 그들이 가다가 깨 끗함을 받은지라

15 그중의 한 사람이 자기가 나은 것을 보고 큰 소리로 하나님께 영광을 돌리며 돌아와

16 예수의 발아래에 엎드리어 감사하니 그는 사마리아 사람이라

17 예수께서 대답하여 이르시되 열 사람이 다 깨끗함을 받지 아니하였느냐 그 아홉은 어디 있느냐

18 이 이방인 외에는 하나님께 영광을 돌리러 돌아온 자가 없느냐 하시고

19 그에게 이르시되 일어나 가라 네 믿음이 너를 구원하였느니라 하시더라

이사야 40장 31절

31 오직 여호와를 앙망하는 자는 새 힘을 얻으리니 독수리가 날개치며 올라감 같을 것이요 달음박질하여도 곤비하지 아니하겠고 걸어가도 피곤하지 아니하리로다

말라기 4장 2절

2 내 이름을 경외하는 너희에게는 공의로운 해가 떠올라서 치료하는 광선을 비추리니 너희가 나가서 외양간에서 나온 송아지 같이 뛰리라

핵심 주제

여전히 죄악에 물들어 병든 우리의 심령을 주님이 고쳐 주신다.

지금도 그렇지만, 예수님 당시 나병은 아주 무서운 병이었습니다. 살이 썩어가기에 끔찍하기도 하지만, 당시에는 돌림병이라 생각하여 세상과 격리된 채 살아가야 하는 외로운 병이기도 했습니다. 그런데 예수님은 이 병을 아주 간단하게 치료합니다. 말씀으로 말입니다. 이는 실제로 열 명의 나병 환자에게 일어났던 일입니다.

아마도 이들은 사람들의 이목을 피해 예수님께 나아오는 것이 힘들고 어려웠을 것입니다. 하지만 불치병이라 생각했던 그 병이 깨끗이 나았을 때 엄청난 기쁨에 휩싸였을 것입니다. 우리도 마찬가지입니다. 예수님을 알기 전, 우리에게 죽음은 모든 것이 끝이라고 생각되는 엄청난 공포와 두려움이었습니다. 그러나 예수님을 믿은 후 우리에게 죽음은 영원한 생명으로의 시작입니다. 이 시간 우리에게 영원한 삶을 주신 예수님께 진정으로 감사할 수 있길 소망합니다.

1. 지금까지 살면서 당신 혹은 가족이 크게 아팠던 경험이 있습니까? 언제, 얼마나 아팠는지 말해 보십시오. 혹시 예수님께 간절히 매달렸던 적이 있으면, 그것도 함께 나눠 보십시오.

2. 지금까지 살면서 당신에게는 감사의 제목들이 많을 것입니다. 살아온 세월만큼 종류도 다양할 것입니다. 그 감사의 제목 중 건강과 관련된 감사의 제목이 있습니까? 가장 큰 감사의 제목을 함께 나눠 보십시오.

1. 예수님이 예루살렘으로 가실 때 만난 사람들은 누구입니까? 그리고 그들은 예수님을 향해 무엇을 외쳤습니까? 그들이 이와 같은 행동을 한 이유는 무엇입니까?(눅 17:11~13)

예수님이 만난 사람들 (눅 17:11~12)	예루살렘으로 가실 때 사마리아와 갈릴리 사이의 한 마을에서 나병 환자 열 명을 만남.
그들이 예수님을 향해 외친 말 (눅 17:13)	예수 선생님이여 우리를 불쌍히 여기소서.
그들이 이와 같이 행동한 이유	고침 받기를 원했습니다. 그리고 자신들의 처지를 생각하니 슬프고 가슴 아프고 처량했던 것입니다. 그러나 가까이 가지 못하고 멀리서 외칠 수밖에 없었습니다. 당시 나병은 죄로 말미암아 온 것이라는 사람들의 의식 때문에 가까이 가지 못한 것입니다. 나병 환자들끼리 서로 모여서 생활했고, 사람들은 그들이 사는 곳을 지날 때마다 부정하다면서 피했습니다. 육신의 질병뿐만 아니라 마음의 병까지 깊이 자리 잡으며 괴로운 삶을 살았습니다. 이런 이유로 예수님에게 가까이 접근하지도 못하고 멀리 떨어진 채 간절하게 울부짖은 것입니다.

11 예수께서 예루살렘으로 가실 때에 사마리아와 갈릴리 사이로 지나가시다가 12 한 마을에 들어가시니 나병환자 열 명이 예수를 만나 멀리 서서 13 소리를 높여 이르되 예수 선생님이여 우리를 불쌍히 여기소서 하거늘 **누가복음** 17:11~13

2. 당시 나병은 아주 무서운 병이었습니다. <레위기> 13~14장을 읽고, 나병의 규례에 대하여 좀더 자세히 연구해 보십시오.

> 하나님의 말씀은 나병에 관한 규례를 통해 하나님의 백성들은 모든 불결한 것으로부터 격리되어야 한다는 사실을 강조하고 있습니다. 당시 나병에 관한 판단은 제사장이 내릴 수 있었고, 성결하게 되기 위해서는 예물을 제사장에게 가져가 속죄제를 올린 후 언약의 백성으로 다시 회복될 수 있었습니다.
>
> `참고`
> 당시에 나병은 무서운 병이었습니다. 누구도 고칠 수 없는 병이었고 나병에 걸리면 가족과 이웃으로부터 평생 격리되어 살아야 했습니다. 나병은 과거에는 문둥병이라고 불리기도 했지만, 오늘날의 용어인 한센병이나 한센씨병으로 부르는 것이 더 적절할 것입니다. 노르웨이 학자 한센이라는 사람이 나병의 병원균을 발견해서 한센병이라고 불리게 되었습니다. 한센병은 악성 피부병의 일종으로 전염성 질환입니다. 현재는 약물치료로 완치가 가능하지만 과거에는 완치가 불가능한 무서운 질병이었습니다. 온 몸이 썩고 고약한 냄새가 나며 손가락과 발가락이 떨어져 나가기도 합니다. 코나 입술도 썩어 들어가면서 뭉개지거나 떨어져 나가기도 합니다. 보기에 너무 흉하고 그로 인해 사람들의 냉대와 멸시를 견뎌야 하는 점이 무엇보다 힘든 일이었습니다.

3. 예수님을 향해 외친 그들에게 예수님은 무엇을 명하십니까? 그리고 치료도 받지 않은 상태에서 그들은 예수님의 말씀에 어떻게 반응합니까? 그에 따른 결과도 함께 적어 보십시오(눅 17:14).

> 제사장에게 가서 너희 몸을 보이라고 말씀하셨습니다. 그들은 순종했습니다. 예수님의 말씀대로 제사장에게 가다가 깨끗함을 받게 되었습니다. 놀라운 치유의 은혜를 베풀어 주신 것입니다. 당시에는 나병이 치유되면 제사장에게 보이고 인증을 받아야 진정한 자유로운 사람으로 살 수 있었는데, 주님이 제사장에게 몸을 보이라고 말씀하신 것은 문둥병을 다 고쳐주겠다는 언약을 의미한다고 할 수 있습니다.

14 보시고 이르시되 가서 제사장들에게 너희 몸을 보이라 하셨더니 그들이 가다가 깨끗함을 받은지라 **누가복음** 17:14

4. 열 명의 나병 환자는 예수님의 말씀에 즉각 순종합니다(눅 17:11~14). 당신은 그들의 믿음을 어떻게 생각합니까? 만약 당신이 그중 한 사람이었다면 어떻게 행동했을지 솔직하게 말해 보십시오.

5. 고침을 받은 열 명의 나병 환자는 그 후 어떻게 행동합니까?(눅 17:15~18) 그들의 다른 행동에 당신은 어떤 생각이 듭니까? 그들의 행동을 통해 당신의 모습을 돌아보고, 만약 당신이었다면 어디에 속했을지 말해 보십시오.

> 의사로서 병에 대한 예리한 지식과 통찰이 있었던 누가의 기록입니다. 열 명의 나병 환자들이 치유 받았는데, 그중에 한 사람만이 자신이 어떻게 낫게 되었는지를 기억하고 예수님에게로 돌아왔습니다. 하나님에게 영광을 돌리고 예수님의 발아래에 엎드려 감사했습니다. 주님은 감사하는 자가 겨우 한 명에 불과해 나머지 아홉은 어디 있냐고 물은 것입니다. 우리는 감사하는 신앙을 가져야 합니다. 주님은 감사하는 성도를 찾으십니다.
>
> 참고
> 예수님의 발아래에 엎드리는 것은 예배하는 것을 의미합니다. 어떻게 예배합니까? 감사하는 것입니다. 예배의 중요한 내용은 하나님의 은혜에 감사하는 것입니다. 겸손하게 하나님 앞에 감사하는 것입니다.

15 그중의 한 사람이 자기가 나은 것을 보고 큰 소리로 하나님께 영광을 돌리며 돌아와 16 예수의 발아래에 엎드리어 감사하니 그는 사마리아 사람이라 17 예수께서 대답하여 이르시되 열 사람이 다 깨끗함을 받지 아니하였느냐 그 아홉은 어디 있느냐 18 이 이방인 외에는 하나님께 영광을 돌리러 돌아온 자가 없느냐 하시고 **누가복음** 7:15~18

6. 감사했던 나병 환자가 예수님에게 받은 약속은 무엇입니까?(눅 17:19) 이 약속이 의미하는 바가 무엇인지 깊이 묵상해 보십시오.

예수님은 돌아온 나병 환자에게 '가라 네 믿음이 너를 구원하였다'고 축복해 주셨습니다. 육신의 질병뿐만 아니라 영원한 생명을 누리는 구원까지 얻는 더 깊은 은혜의 약속을 체험하게 되었습니다.

약속의 의미
1) 당시 나병 환자가 만지는 모든 물건과 사람은 부정하게 되었습니다. 그러나 예수님은 나병 환자와 같이 부정한 자, 죄인들을 위해 오셨습니다.
2) 레위기의 율법은 부정한 사람을 하나님으로부터 분리시켰지만, 예수님은 회개하면 누구나 용서받을 수 있음을 보여 주셨습니다.
3) 당시의 나병 환자는 스스로 깨끗함을 얻을 수 없었습니다. 반드시 정결 의식이 필요했습니다. 모든 사람은 자신의 행위가 아닌 하나님의 은혜로 구원받는 것입니다. 제사장이 진영 밖으로 가서 정결 의식을 행했듯이, 예수님은 예루살렘 성문 밖에서 십자가를 통해 우리에게 구원의 길을 열어 주셨습니다.

19 그에게 이르시되 일어나 가라 네 믿음이 너를 구원하였느니라 하시더라 **누가복음** 17:19

묵상 포인트
우리는 열 명의 나병 환자들보다 어떻게 보면 더욱 흉악하고 끔찍한 영혼의 나병을 앓고 있었을지 모릅니다. 나병이 사랑하는 가족과 이웃들과 분리시키듯이 우리도 죄의 나병으로 인해 하나님과 분리되고 사람들과도 분리되어 있었습니다. 추하고 냄새나고 저주 받아서 영원한 지옥 형벌을 받기에 마땅한 우리였지만 사랑 많으신 주님의 보혈로 깨끗이 나음을 받은 것입니다. 이것을 믿고 감사하는 우리가 되어야 합니다.
주님에게 돌아와 감사하던 한 명의 나병 환자처럼 감사한 마음을 가지고 예수님 앞에 서 있습니까? 먼저 우리는 우리의 육체뿐만 아니라 영혼의 질병을 치료하시고 회복시켜 주시는 능력의 주님을 신뢰해야 합니다. 또한 그 능력을 베풀어 주신 주님에게 감사해야 합니다. 혹 다른 아홉 명의 나병 환자들처럼 나의 삶을 치료해 주시고 구원해 주신 그 은혜를 잊고 감사하지 않는 모습으로 살아가고 있지는 않은지 돌아보아야 할 것입니다.

1. 예수님은 공생애 기간 중에 수많은 병자를 고치셨습니다. 복음서에 기록된 말씀을
   중심으로 예수님의 치유 사역을 정리해 보십시오.

마태복음 8:14~15 _ 베드로의 장모를 고치심

마태복음 8:2~4 _ 나병 환자를 깨끗하게 하심

마태복음 9:2~8 _ 중풍병자를 고치심

마태복음 12:9~13 _ 손 마른 자를 고치심

마태복음 8:5~13 _ 백부장의 종을 고치심

마태복음 12:22 _ 귀신 들려 눈 멀고 말 못하는 자를 고치심

마태복음 9:20~22 _ 혈루증 여인을 고치심

마태복음 9:27~31 _ 소경을 고치심

2. 육신의 치유도 중요하지만 그보다 더 중요하고 시급한 것은 영혼의 치유입니다. 영혼의 문제가 해결되지 않는 한, 우리는 진정으로 행복할 수 없습니다. 육신의 기도 제목과 영혼의 기도 제목을 이 시간 함께 나누고 주님 앞에 진정으로 기도해 보십시오. 더불어 가족과 친지 중 함께 기도하고픈 영혼이 있다면 같이 중보의 시간을 가져 보십시오.

세상으로 나아가기

1. 열 명의 나병 환자는 동시에 고침을 받았습니다. 그러나 이후 그들의 행동은 두 부류로 나뉘었습니다. 그들을 두 부류로 구별 짓는 결정적인 행동은 무엇이라고 생각합니까? 그리고 그 속에 담겨 있는 중요한 의미에 대해서 함께 나눠 보십시오.

2. 치유 후 믿음의 기본은 '감사'입니다. 주님이 가장 기뻐하시는 것은, 믿음의 결과로 주님께 영광을 올려드리고 진정으로 감사할 줄 아는 신앙의 자세입니다. 한 주 동안 가정과 교회 그리고 세상에서 감사의 신앙생활을 실천해 보십시오.

가정	
교회	
세상	

CHAPTER 4

예수님의 사역 III 살리심

요한복음 11장 39~44절

39 예수께서 이르시되 돌을 옮겨 놓으라 하시니 그 죽은 자의 누이 마르다가 이르되 주여 죽은 지가 나흘이 되었으매 벌써 냄새가 나나이다

40 예수께서 이르시되 내 말이 네가 믿으면 하나님의 영광을 보리라 하지 아니하였느냐 하시니

41 돌을 옮겨 놓으니 예수께서 눈을 들어 우러러 보시고 이르시되 아버지여 내 말을 들으신 것을 감사하나이다

42 항상 내 말을 들으시는 줄을 내가 알았나이다 그러나 이 말씀 하옵는 것은 둘러선 무리를 위함이니 곧 아버지께서 나를 보내신 것을 그들로 믿게 하려 함이니이다

43 이 말씀을 하시고 큰 소리로 나사로야 나오라 부르시니

44 죽은 자가 수족을 베로 동인 채로 나오는데 그 얼굴은 수건에 싸였더라 예수께서 이르시되 풀어 놓아 다니게 하라 하시니라

요한복음 11장 25~26절

25 예수께서 이르시되 나는 부활이요 생명이니 나를 믿는 자는 죽어도 살겠고

26 무릇 살아서 나를 믿는 자는 영원히 죽지 아니하리니 이것을 네가 믿느냐

요한복음 10장 10절

10 도둑이 오는 것은 도둑질하고 죽이고 멸망시키려는 것뿐이요 내가 온 것은 양으로
   생명을 얻게 하고 더 풍성히 얻게 하려는 것이라

부활의 주님을 온 땅 가운데 담대히 나아가 증거한다.

하나님의 독생자 아들 예수님은 우리의 구원을 위해 이 땅에 오셨습니다. 단순히 건강의 문제를 해결하고, 돈을 많이 벌며, 많은 사람에게 존경받는 인물로 만들어 주기 위해서 오신 것이 아닙니다. 그럼에도 우리는 여전히 예수님이 우리를 세상 안에서 잘 살 수 있도록 변화시켜 주길 원하고 있습니다.

예수님은 우리의 영혼이 변화되길 원하십니다. 이것 때문에 이 땅에 오신 것입니다. 영원한 죽음에서 영원한 생명으로의 변화는 오직 예수님만이 하실 수 있습니다. 제자훈련이 어느덧 중반을 넘어가고 있습니다. 이 시간 주님 앞에 "나를 변화시켜 주소서!"라고 간절히 기도하며, 우리의 영혼이 완전히 변화되어 새로운 피조물이 될 수 있길 소망합니다.

1. 제자훈련을 시작하게 된 동기가 무엇입니까? 그리고 지금 제자훈련을 받는 이유는 무엇입니까? 아마도 두 질문에 각기 다른 대답이 나왔을지 모릅니다. 같은 질문인 것 같으나 서로 다른 대답을 했다면 그 이유가 무엇이겠습니까? 지난 훈련 기간, 당신의 삶에 있었던 변화를 함께 나눠 보십시오.

훈련을 시작하게 된 동기	
현재 훈련을 받는 이유	
지난 3개월, 변화된 나의 삶	

2. 다음의 글은 어거스틴의 유명한 일화 중 하나입니다. 한목소리로 읽고 묵상해 보십시오. 그리고 당신의 깨달음을 함께 나눠 보십시오.

어거스틴은 회심한 뒤에도 악한 천성을 때때로 드러내며 살았습니다. 그는 회심 전인 과거에 어울리던 사람들을 길거리에서 우연히 마주치곤 했는데, 어느 날 수개월 동안 알고 지내던 여인과 마주친 적이 있습니다. 그녀는 어거스틴이 십자가의 능력에 의해 죄의 속박에서 벗어나기 전까지 그를 죄의 노예 상태로 깊이 끌고 간 여인이었습니다. 어거스틴은 형식적인 목례만 하고 최대한 빨리 지나가고 싶어했습니다. 하지만 방탕한 여인은 그를 멈춰 세우고 조롱하듯 말했습니다.
"어거스틴, 저를 모르시겠어요? 보세요, 저라고요!"
어거스틴은 할 수 없이 그녀의 얼굴을 바라보았습니다. 그 순간, 어거스틴은 그녀의 육체적인 매력이 이제는 더 이상 자신을 붙들어 맬 수 없다는 것을 확신하고 단호하게 대답했습니다.
"나는 이전의 내가 아닙니다!"

1. <요한복음> 11장 전체를 읽고, 당신의 말로 요약해 보십시오. 그리고 중심 단어와 주제를 찾아 함께 적어 보십시오.

예시

마르다와 마리아, 두 여동생이 의지하던 오빠 나사로가 병들어 죽게 되었습니다. 예수님에게 사람을 보내어 사랑하는 자가 병들었다고 전했습니다. 그들은 예수님을 애타게 기다렸을 것입니다. 그러나 예수님은 지체하셨고, 오빠는 결국 숨을 거두었습니다. 두 자매가 손수 장례를 치를 때에도 예수님은 보이지 않았습니다. 하늘이 무너지고 세상이 꺼지는 듯한 아픔과 눈물과 절망 속에서 자매는 통곡하며 지냈습니다.

사랑하는 친구 나사로가 병들어 죽게 되었는데도 예수님은 이상하게 지체하셨습니다. 나사로가 죽은 지 나흘이 지나서야 예수님이 오셨습니다. 숨지기 전 예수님을 기다리던 나사로는 물론 마르다와 마리아까지, 삼남매가 많이 서운했으리라 짐작하게 됩니다. 예수님의 사랑을 의심하게 될 만한 상황이었습니다.

뒤늦게 찾아오신 예수님이 '네 오라비 나사로가 다시 살아나리라'고 말씀하셨습니다. 마르다가 그 말씀을 믿었지만 예수님의 뜻과 다른 종류의 믿음이었습니다. 마르다는 오빠가 마지막 날 부활의 때에 다시 살아날 것을 믿은 것이지, 현실 세계에서 죽은 육신이 살아날 것이라고는 생각하지 못했습니다. 예수님이 무덤의 돌을 옮기라 명령하시고 기도하신 후에 나사로를 다시 살려 주셨습니다. 예수님이 부활이요 생명인 것을 믿게 하시고, 하나님께 영광을 돌리도록 그렇게 하신 것입니다.

2. 예수님은 나사로의 위중함을 알고도, 계시던 곳에서 시간을 지체하셨습니다. 예수님이 이와 같이 행동하신 이유는 무엇입니까?(요11:4) 이 사실을 통해 당신이 깨달은 바는 무엇입니까?

예수님이 지체하신 것은 하나님의 영광을 나타내시기 위함이었습니다. 나사로와 마르다와 마리아를 사랑하지 않으셔서가 아니라, 그들이 당시에는 깨닫지 못했지만 그들을 향한 하나님의 놀라운 일을 계획하고 있었기 때문이었습니다. 예수님의 응답은 최상의 응답이었지 절대로 늦은 응답이 아니었습니다. 정확한 시간에 이루어진 응답이었습니다. 나사로가 살아났고, 다시 살아난 나사로를 통해 예수님이 영광을 받으셨습니다. 또, 주변에 있는 많은 유대인들이 예수님을 믿게 되었다고 45절에 증언하고 있습니다. 마르다와 마리아는 병든 나사로를 살리는 것이 예수님을 향한 소원이었을지 모르지만, 예수님은 병든 나사로가 아니라 죽은 나사로를 살리셔서 그 일을 통해 자신을 믿게 하시고 하나님의 영광을 나타내고자 하셨습니다. 그것이 그분의 뜻이요, 계획이었던 것입니다. 내가 생각할 때는 많이 늦은 응답이지만, 하나님의 편에서는 가장 정확한 때에 주신 가장 확실한 응답인 것입니다. 이것이 믿음입니다. 예수님은 나사로가 죽을 때까지 의도적으로 기다리셨습니다. 사람들이 나사로가 완전히 죽었다고 생각할 때까지 지체하신 것입니다.

> **참고**
>
> 나의 시간표와 하나님의 시간표가 다를 수 있습니다. 항상 같다면 큰 갈등이 없겠지만, 다를 때 우리는 주로 나의 시간표대로 생각하고 기대합니다. 나의 시간표가 기준이 되다 보면, 하나님이 일하시는 것이 때로는 너무 더디거나 때로는 너무 급하게 느껴집니다. 우리는 하나님이 나의 시간표에 맞추어서 응답하여 주시기를 간절히 원할 때가 많습니다. 그 시간이 엇갈리면 혼란과 혼동에 빠지게 되고 믿음마저 상실되는 위기에 빠질 수 있습니다. 그러므로 하나님의 뜻에 주목하고 순종해야 합니다.

4 예수께서 들으시고 이르시되 이 병은 죽을병이 아니라 하나님의 영광을 위함이요 하나님의 아들이 이로 말미암아 영광을 받게 하려 함이라 하시더라 **요한복음 11:4**

3. 예수님은 사람들로 하여금 나사로의 무덤을 막고 있는 돌을 옮기게 하셨습니다. 그리고 눈을 들어 우러러 보시며 하나님께 뭐라고 기도하셨습니까? 이 기도를 통해 당신은 예수님이 나사로를 살리신 진짜 이유가 무엇이라 생각합니까?(요 11:41~42)

'돌을 옮겨 놓으라'는 주님의 말씀은 나사로가 살아날 것을 정말 믿는지 확인하시는 것입니다. 또한, 나의 생각과 경험과 지식이 나의 믿음과 충돌하도록 야기하는 것입니다. 예수님은 믿음으로 돌을 옮기기를 원하십니다. 그때에 주님은 하나님에게 감사 기도를 드립니다. 그 후에 큰 소리로 '나사로야 나오라' 말씀하시니 나사로가 무덤에서 살아 나왔습니다.

나사로를 살리신 기적에는 예수님을 믿게 하려는 목적이 있습니다. 우리 삶 가운데 일어나는 기적에도 예수님에 대한 믿음을 강하게 하는 목적이 있습니다. 예수님이 생명이요 부활이신 것을 믿도록 나사로를 살리신 것입니다.

본문의 사건이 주는 가장 중요한 메시지는 예수님의 죽으심과 부활을 미리 보여 주는 예표의 사건이라는 점입니다. 예수님이 나사로를 살려 주심으로 자신이 부활이요 생명인 것을 실체적으로 보여 주셨습니다. 그리고 며칠 후에 자신이 십자가에 죽으시고 다시 부활하실 것을 미리 예고하신 것입니다. 그리고 마지막 날 예수님이 재림하실 때 무수한 성도들이 천사의 나팔소리를 듣고 무덤에서 일어날 것을 가르쳐 주신 것입니다.

41 돌을 옮겨 놓으니 예수께서 눈을 들어 우러러 보시고 이르시되 아버지여 내 말을 들으신 것을 감사하나이다 42 항상 내 말을 들으시는 줄을 내가 알았나이다 그러나 이 말씀 하옵는 것은 둘러선 무리를 위함이니 곧 아버지께서 나를 보내신 것을 그들로 믿게 하려 함이니이다
요한복음 11:41~42

묵상 포인트
예수님을 믿는 사람들은 죽음에 대해 걱정할 필요가 없습니다. 죽음에 대한 걱정은 죽음이 준비되지 않은 사람들이 하는 것입니다. 신앙은 죽음을 이미 이긴 자의 것입니다. 두려워하지 말고 염려하지 말라는 뜻입니다. 믿음을 가진 사람은 예수님처럼 죽어도 다시 삽니다. 아니 그리스도인들에게는 죽음이 아니라 잠자는 것입니다. 예수님도 말씀하셨습니다. '우리 친구 나사로가 잠들었도다 그러나 내가 깨우러 가노라'라고 말이지요.

내가 끝났다고 주님도 끝낸 것이 아닙니다. 내가 손을 놓았다고 주님도 손을 놓으신 것이 아닙니다. 소망 없다고, 끝났다고, 죽었다고 하는 그때가 비로소 주님이 일하시기 시작하시는 때입니다. 예수님이 죽음에서 다시 살아나심으로 부활의 첫 열매가 되셨듯이 우리들도 예수님처럼 부활할 것입니다. 우리 죄를 위해 십자가에서 죽으시고 장사 지낸 바 되셨다가 부활하시고 승천하신 주님이 곧 다시 오셔서 하나님의 나라를 완성하실 것입니다. 그때까지 부활의 신앙을 가지고 하나님의 영광을 위해 믿음으로 살아야 합니다.

4. 예수님은 무덤을 향해 큰 소리로 "나사로야 나오라"(요 11:43)고 말씀합니다. 죽은 나사로가 나흘 만에 예수님의 말씀으로 다시 살아난 것입니다. 말씀에는 능력이 있습니다. 그리고 기적을 불러일으킵니다. 혹시 말씀의 능력을 체험한 경험이 있습니까? 만약 없다면, 그 이유는 무엇이라 생각합니까?

1. 성부 하나님은 우리에 대한 사랑의 확증으로 성자 하나님을 이 땅에 보내어 우리의 모든 죄와 허물을 사하여 주셨습니다(롬 5:8). 이제 누구든지 예수 그리스도를 믿기만 하면 하나님의 자녀가 되는 특권을 가지고 위대한 하나님의 역사에 동참하여 쓰임 받는 복을 누리게 되었습니다. 그렇다면, 이 은총을 우리에게 주신 근본적인 이유는 무엇이라 생각합니까? 다음의 성구에 근거하여 당신의 말로 정리해 보십시오.

베드로전서 2장 12절	
사도행전 1장 8절	

12 너희가 이방인 중에서 행실을 선하게 가져 너희를 악행한다고 비방하는 자들로 하여금 너희 선한 일을 보고 오시는 날에 하나님께 영광을 돌리게 하려 함이라 **베드로전서 2:12**
8 오직 성령이 너희에게 임하시면 너희가 권능을 받고 예루살렘과 온 유대와 사마리아와 땅 끝까지 이르러 내 증인이 되리라 하시니라 **사도행전 1:8**

2. 성도의 삶은 하나님이 예수 그리스도 안에서 값없이 허락하신 은혜로 말미암아 시
작되었습니다. 때문에 우리는 은총을 주신 이유에 합당한 삶을 살아야 함이 마땅합
니다. 그렇다면, 당신은 어떤 선한 행실로 하나님께 영광을 돌리며 살고자 합니까?
또한 복음의 아름다운 소문이 널리 전파되는 데 어떻게 앞장을 서고자 합니까? 당신
의 다짐을 적고 함께 나눠 보십시오.

선한 행실	
복음 전파	

1. 하나님의 기적은 우리의 능력에서 나오는 것이 아니라 하나님으로부터 나온다는 사실을 잊어서는 안 됩니다. 하나님이 우리와 함께하시면 그것이 무엇이든 하나님의 일을 능히 감당할 수 있습니다. 하나님의 일을 하는 데 있어서 방해 요소가 무엇인지 나누고, 하나님의 능력으로 기적을 행하게 해 달라고 기도해 보십시오.

2. 주님은 우리의 죄를 위해서 죽으시고 부활하셨습니다. 그리고 승천하신 주님은 다시 오실 것입니다. 그 주님이 지금도 우리에게 말씀합니다. "땅 끝까지 이르러 내 증인이 되리라" (행 1:8). 한 주간 동안 부활의 주님을 온전히 전하며 살기를 바랍니다. 구체적으로 누구에게, 어떻게 부활의 주님을 전할지 계획해 보십시오. 그리고 실천하길 소망합니다.

가정	
교회	
세상	

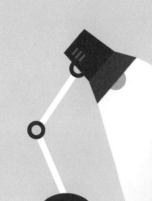

성령 하나님(성령님)

4

오소서, 성령님!

사도행전 2장 1~13절

1   오순절 날이 이미 이르매 그들이 다 같이 한 곳에 모였더니

2   홀연히 하늘로부터 급하고 강한 바람 같은 소리가 있어 그들이 앉은 온 집에 가득 하며

3   마치 불의 혀처럼 갈라지는 것들이 그들에게 보여 각 사람 위에 하나씩 임하여 있 더니

4   그들이 다 성령의 충만함을 받고 성령이 말하게 하심을 따라 다른 언어들로 말하기 를 시작하니라

5   그때에 경건한 유대인들이 천하 각국으로부터 와서 예루살렘에 머물러 있더니

6   이 소리가 나매 큰 무리가 모여 각각 자기의 방언으로 제자들이 말하는 것을 듣고 소 동하여

7   다 놀라 신기하게 여겨 이르되 보라 이 말하는 사람들이 다 갈릴리 사람이 아니냐

8   우리가 우리 각 사람이 난 곳 방언으로 듣게 되는 것이 어찌 됨이냐

9   우리는 바대인과 메대인과 엘람인과 또 메소보다미아, 유대와 갑바도기아, 본도와 아시아,

10   브루기아와 밤빌리아, 애굽과 및 구레네에 가까운 리비야 여러 지방에 사는 사람들 과 로마로부터 온 나그네 곧 유대인과 유대교에 들어온 사람들과

11   그레데인과 아라비아인들이라 우리가 다 우리의 각 언어로 하나님의 큰일을 말함을 듣는도다 하고

12 다 놀라며 당황하여 서로 이르되 이 어찌 된 일이냐 하며

13 또 어떤 이들은 조롱하여 이르되 그들이 새 술에 취하였다 하더라

누가복음 24장 49절

49 볼지어다 내가 내 아버지께서 약속하신 것을 너희에게 보내리니 너희는 위로부터 능력으로 입혀질 때까지 이 성에 머물라 하시니라

사도행전 1장 8절

8 오직 성령이 너희에게 임하시면 너희가 권능을 받고 예루살렘과 온 유대와 사마리아와 땅 끝까지 이르러 내 증인이 되리라 하시니라

삼위일체 하나님 중 성령 하나님을 알고, 사모함으로 나아간다.

성령이란 예수 그리스도를 영접하고 하나님의 자녀가 된 자에게 하나님이 보내 주신 하나님의 영을 말합니다. 성령님은 성도를 지키고 보호하심으로 구원을 완성시키는 진리의 영입니다. 때문에 성령님은 그리스도인들을 항상 진리 가운데로 인도하시고, 주님의 말씀대로 살아갈 수 있도록 도와주십니다.

성령님은 하나님, 예수님과 동일한 분입니다. 즉 성부, 성자, 성령의 삼위일체 하나님입니다. 그래서 성령님은 영원하며, 전지전능합니다. 또한 성령님은 인격을 가진 분입니다. 사람의 마음을 감동하고 필요한 것을 알게 하시며, 교회와 그리스도인들을 위로하고 우리의 연약함을 안타깝게 여기사 친히 기도함으로 돕는 분입니다. 이 시간을 통해 우리의 삶 가운데 하나님의 뜻으로 역사하시는 성령님을 온전히 만날 수 있길 소망합니다.

1. 성령님을 생각할 때, 당신의 머릿속에 가장 먼저 생각나는 이미지는 무엇입니까?

2. 성령님을 체험한 경험이나 성령이 충만한 사람을 직접 본 적이 있습니까? 그들의 특징은 무엇입니까?

1. 예수님은 부활 후 승천하시면서 제자들에게 "내 아버지께서 약속하신 것을 너희에게 보내리니"(눅 24:49)라고 말씀합니다. 약속하신 이것은 무엇입니까?

성령님을 보내시겠다고 약속하셨습니다.

참고

예수님이 승천하시고 또 다른 보혜사를 보내시겠다는 약속을 이루셨습니다.

사도행전 2:33 _ "하나님이 오른손으로 예수를 높이시매 그가 약속하신 성령을 아버지께 받아서 너희가 보고 듣는 이것을 부어 주셨느니라"

2. 성경은 성령님이 처음으로 임재한 날의 모습을 생생하게 그리고 있습니다. 어떤 모습으로 임재했는지 상세히 적어 보십시오(행 2:2~3).

오순절 성령 강림 사건이 일어날 때 하늘로부터 급하고 강한 바람 같은 소리가 있었습니다. 그리고 마치 불의 혀처럼 갈라지는 것들이 그들에게 보였습니다. 모두 구약에서 하나님의 임재를 상징하는 것입니다.

> **참고 1**
>
> **바람** | 에스겔의 환상(에스겔 37장)에서 마른 뼈들의 골짜기에 생기가 불어서 살아나는 역사를 보여 줍니다. '생기가 불다'라고 표현합니다. '루아흐', 바로 성령님을 말합니다. 성령을 가리키는 히브리어 단어는 '루아흐'이고 헬라어 단어는 '프뉴마'인데, 바람과 호흡이라는 의미를 가지고 있습니다. 에스겔 37:14에서 하나님이 이스라엘 백성에게 '내가 내 영을 너희 속에 두어 너희가 살아나게 하겠다'고 예언하신 말씀이 성취된 것입니다. 요한복음 3:8에서는 '바람이 임의로 불매 네가 그 소리는 들어도 어디서 와서 어디로 가는지 알지 못하나니 성령으로 난 사람도 다 그러하니라'라고 말씀하십니다. 성령을 바람에 비유하신 것입니다.
>
> **불** | 출애굽 사건이 있기 전에 하나님이 모세에게 불로 나타나셨습니다. 출애굽기 3:2에서 '하나님께서는 떨기나무 가운데로부터 나오는 불꽃 안에서 모세에게 나타나셨다'고 표현합니다. 출애굽 이후 하나님은 다시 시내산에서 모세에게 나타나십니다. 출애굽기 19:18에서는 '하나님께서 불 가운데에서 강림하셨다'고 표현합니다. 오순절 성령 강림 때 바람과 불 자체가 있었던 것은 아닙니다. 그와 같이 임하셨다고 한 것입니다. 급하고 강한 바람 같은 소리와 불의 혀처럼 갈라지는 것들은 모두 성령님의 강력한 임재를 표현한 것입니다. 능력 있는 하나님의 임재를 가리키는 것입니다.

> **참고 2**
>
> **오순절** | 유월절, 장막절과 함께 유대인들의 3대 절기 중에 하나였습니다. 유월절 이후 오십일이 지난 후 있던 절기로 맥추절, 칠칠절로 불리기도 했습니다. 밀을 추수하고 감사하는 절기입니다. 지중해 연안 등 각지에 흩어져 있던 유대인들이 예루살렘으로 모이는 날이었습니다. 사람들이 모여서 교회 탄생의 주역들이 되게 하신 것, 오순절을 택하신 것도 하나님의 주권이었습니다. 성도들이 모여서 성령님의 임재를 기도하고 예수님의 말씀에 순종하여 합심하여 간절히 기도했지만, 그때를 몰랐습니다. 그러나 성령님이 주도적으로 하나님의 뜻 가운데 오순절에 임하신 것입니다.

2 홀연히 하늘로부터 급하고 강한 바람 같은 소리가 있어 그들이 앉은 온 집에 가득하며 3 마치 불의 혀처럼 갈라지는 것들이 그들에게 보여 각 사람 위에 하나씩 임하여 있더니 **사도행전 2:2~3**

3. 성령을 받은 사람들은 성령님이 말하게 하심을 따라 무엇을 말하기 시작했습니까?(행 2:4) 이러한 사실이 의미하는 것은 무엇이라고 생각하십니까?

성령이 임하여서 성령이 말하게 하심을 따라 다른 언어들로 말하게 되었습니다. 내가 입을 연 것이 아니라, 말하게 하심을 따라 입이 열린 것입니다. 이 사건을 통해 성령이 임하시면 내가 원하는 대로 사는 것이 아니라, 성령이 이끄시는 삶을 살게 된다는 것을 상징적으로 깨달을 수 있습니다.

하나님께서 입을 열게 하시니까 입을 다물 수가 없었습니다. 11절의 말씀대로 하나님의 큰일을 말하게 하셨습니다. 그 큰일의 내용이 무엇인가를 확실히 보여주는 것이 이후에 이어지는 베드로의 설교입니다. 베드로의 설교를 보면, 하나님의 큰일이 바로 복음임을 알 수 있습니다. 그 복음을 위해서 방언을 말하게 하셨습니다. 예수 그리스도의 부활과 그 복음의 역사를 말하게 하신 것입니다. 사도행전 4:17~18을 보면, 베드로와 요한이 공회에 잡히는데 사탄은 역사하지 못하게 하지만 성령은 말하게 합니다. 방언을 하느냐, 방언을 못하느냐가 중요한 게 아니라, 복음을 말하느냐 복음을 말하지 못하느냐가 중요합니다.

4 그들이 다 성령의 충만함을 받고 성령이 말하게 하심을 따라 다른 언어들로 말하기를 시작하니라 **사도행전 2:4**

4. 당신은 성령을 받았습니까? 성령을 받았다고 생각하는 이유는 무엇입니까?

예수 그리스도를 믿고 죄 사함을 받은 자에게는 성령을 선물로 주시겠다고 약속하셨습니다. 성령세례와 성령 충만을 혼동하는 성도들이 많이 있는데, 성령세례는 우리가 세례를 평생에 한 번 받는 것처럼 예수님을 믿을 때 한 번 주어지는 것입니다. 고린도전서 12:3에서는 '성령으로 아니하고는 누구든지 예수를 주시라 할 수 없느니라'고 합니다. 즉, 성령이 임하셨기에 우리가 예수님을 구원자로 믿는 것입니다. 그리고 결단코 떠나지 않으십니다. 중요한 것은 '삶의 주도권이 누구에게 있느냐?'입니다. 예수님을 이미 믿은 우리는 이제 성령 충만해야 합니다. 성령님에게 나의 주도권을 내어 드려야 합니다.

5. 당신은 예수님을 믿는 모든 사람이 성령을 받는다고 생각합니까? <사도행전>2장 38~39절을 읽고, 말씀의 의미에 대하여 말해 보십시오.

> 사도행전 2:17~18, 2:29 말씀처럼 하나님은 모든 육체에게, 우리 모두에게 성령을 부어 주시겠다고 약속하셨습니다. 예수님을 믿는 모든 자는 누구든지 차별 없이 성령을 선물로 받는 것입니다.

38 베드로가 이르되 너희가 회개하여 각각 예수 그리스도의 이름으로 세례를 받고 죄 사함을 받으라 그리하면 성령의 선물을 받으리니 39 이 약속은 너희와 너희 자녀와 모든 먼 데 사람 곧 주 우리 하나님이 얼마든지 부르시는 자들에게 하신 것이라 하고 **사도행전 2:38~39**

6. 우리가 성령이 충만해야 하는 이유는 무엇입니까? 사역적인 면에서 구체적으로 설명해 보십시오.

> 사역을 감당하는 것은 세상의 능력이 아니라 성령의 능력으로 가능합니다. '오직 성령이 너희에게 임하시면 너희가 권능을 받는다'고 사도행전 1:8에서도 말씀하고 있습니다. 주님이 주신 지상 명령과 선교적 사명은 성령의 능력과 권세로 하는 것이지 인간적인 힘으로 하는 게 아님을 알 수 있습니다.
>
> 요한복음 16:13 말씀대로 '성령은 진리의 성령이 되셔서 우리를 모든 진리 가운데로 인도해 주신다'고 약속하십니다. 주님이 주신 모든 사명들을 진리 가운데 바르게 감당할 수 있는 비결은 바로 성령 충만함에 있습니다.

1. <사도행전>에 등장하는 성령님에 대하여 깊이 묵상해 보십시오. 더불어 성령님과 함께했던 사람들을 통해 역사하신 성령의 능력에 대해서 정리해 보십시오.

베드로 (행 4:7~12 참조)	체포되어 공회 앞에 서서 담대히 예수 그리스도를 전함
일곱 집사 (행 6:3~6 참조)	성령과 지혜가 충만하여 칭찬받는 사람들이었음
스데반 (행 7:55~60 참조)	순교하면서 복음을 전함
바나바 (행 11:24 참조)	착하고 성령과 믿음이 충만하여 큰 무리가 주께 더하여짐
바울 (행 13:9~12 참조)	마술사 엘루마의 눈을 어둡게 하면서 마귀의 일을 멸하는 영적 능력을 나타냄

1. 위의 성령으로 충만했던 사람들에게서 당신이 배울 점은 무엇입니까?

베드로	
일곱 집사	
스데반	
바나바	
바울	

1. 성령님에 대하여 배웠습니다. 그동안 당신이 성령님에 대하여 오해하고 있었던 부분은 무엇이며, 제대로 알고 있었던 사실은 무엇인지 각각 말해 보십시오. 더불어 성령님에 대하여 궁금한 것은 이 시간에 반드시 질문하여 답을 얻을 수 있길 바랍니다.

2. 당신은 성령을 받았습니까? 성령이 충만한 삶을 한 주 동안 계획하고 실천해 보십시오. 혹시 성령의 충만함을 아직 받지 못했다면, 이 시간 성령의 임재를 간구해 보십시오.

가정	
교회	
세상	

CHAPTER 2

성령 충만 I

사도행전 2장 14~42절(16~21절)

16 이는 곧 선지자 요엘을 통하여 말씀하신 것이니 일렀으되

17 하나님이 말씀하시기를 말세에 내가 내 영을 모든 육체에 부어 주리니 너희의 자녀들은 예언할 것이요 너희의 젊은이들은 환상을 보고 너희의 늙은이들은 꿈을 꾸리라

18 그때에 내가 내 영을 내 남종과 여종들에게 부어 주리니 그들이 예언할 것이요

19 또 내가 위로 하늘에서는 기사를 아래로 땅에서는 징조를 베풀리니 곧 피와 불과 연기로다

20 주의 크고 영화로운 날이 이르기 전에 해가 변하여 어두워지고 달이 변하여 피가 되리라

21 누구든지 주의 이름을 부르는 자는 구원을 받으리라 하였느니라

사도행전 2장 17절

17 하나님이 말씀하시기를 말세에 내가 내 영을 모든 육체에 부어 주리니 너희의 자녀들은 예언할 것이요 너희의 젊은이들은 환상을 보고 너희의 늙은이들은 꿈을 꾸리라

요한복음 16장 13절

13 그러나 진리의 성령이 오시면 그가 너희를 모든 진리 가운데로 인도하시리니 그가 스스로 말하지 않고 오직 들은 것을 말하며 장래 일을 너희에게 알리시리라

핵심 주제

우리에게 능력을 주시는 성령으로 말미암아 사역을 감당한다.

본문은 어부에서 제자로 변화된 베드로의 설교입니다. 오순절 날 한 다락방에서 기도하던 베드로에게 성령님은 임하셨습니다. 그리고 그는 전혀 다른 사람으로 변화되었습니다. 베드로의 입에서 복음이 터져 나왔던 것입니다. 담대한 복음의 증인이 된 것입니다. 베드로는 이제 성령의 능력으로 복음의 전도자가 되었습니다.

당신은 어떠합니까? 성령의 임재를 경험했습니까? 당신의 삶이 성령의 능력으로 변화되었습니까? 만약 여전히 성령의 임재를 체험하지 못했다면, 주저하지 말고 이 시간 진심으로 회개하여 성령을 선물로 받으십시오. 복음 전도자는 우리의 노력과 능력으로 되는 것이 아닙니다. 오직 성령의 충만함을 받으면 가능해지는 것임을 기억하십시오!

1. 당신의 삶에서 성령이 충만하여 성령의 능력을 경험한 적이 있습니까?

2. 성령의 충만함과 복음 전도의 관계에 대하여 당신의 생각을 말해 보십시오.

1. <사도행전> 2장 16~21절은 구약의 요엘 선지자가 예언한 말씀입니다. 말씀의 내용을 당신의 말로 정리하고, 예언의 핵심을 적어 보십시오.

내용 정리 (16~21절)	베드로가 요엘서의 말씀을 인용하면서 설교합니다. "말세에 내가 내 영으로 모든 육체에 부어 주리니 너희의 자녀들은 예언할 것이요 너희의 젊은이들은 환상을 보고 너희의 늙은이들은 꿈을 꾸리라" 하나님이 주시는 비전과 연관되어 있습니다. 복음을 전하는 선교 비전이라고 할 수 있습니다. 특별히 주님이 심판주로 오시는 역사의 마지막 때에는 피와 불과 연기가 일어나고, 해가 변하고 달이 변하는 자연의 징조가 보입니다. 이것이 문자대로 이루어질 것인지와 비유적으로 표현된 것인지에 대해서는 신학적 논란이 있지만, 중요한 것은 문자적으로 이루어지든 상징적으로 이루어지든 그러한 말세의 사건들 속에 주의 이름을 부르는 자는 구원을 얻는다는 사실입니다.
예언의 핵심	요엘의 예언은 공포와 어둠으로 끝나는 것이 아니라 미래와 소망으로 가득차 있습니다. 성령님이 하나님의 구원 계획을 이루어 가시는 것입니다. 한 인간이 주님의 이름을 부르고 구원을 얻는 역사는 성령이 임하셨다는 증거입니다. 성령의 역사 없이 주님을 믿는다는 것은 불가능합니다. 구약에서는 성령이 특별한 경우나 특별한 사람에게만 능력으로 임하셨지만, 말세에는 육체를 가지고 있는 인간이면 누구에게나 임하십니다. 차별 없이 성령을 모든 육체에 부어주신다고 하신 말씀대로입니다. 어른, 아이 차별하지 않고, 지식 있는 자나 없는 자나 상관없이, 병든 자나 건강한 자나 성공하거나 실패했거나 상관없이, 지역과 배경과 성별과 상관없이, 모든 족속에 성령을 부어 주신다는 뜻입니다. 구약의 예언이 실제로 이루어지기 시작한 것입니다. 성령 강림 사건은 말세에 속한 사건으로 이미 말세가 시작되었다는 의미입니다. 우리는 말세를 살고 있는 것입니다.

16 이는 곧 선지자 요엘을 통하여 말씀하신 것이니 일렀으되 17 하나님이 말씀하시기를 말세에 내가 내 영을 모든 육체에 부어 주리니 너희의 자녀들은 예언할 것이요 너희의 젊은이들은 환상을 보고 너희의 늙은이들은 꿈을 꾸리라 18 그때에 내가 내 영을 내 남종과 여종들에게 부어 주리니 그들이 예언할 것이요 19 또 내가 위로 하늘에서는 기사를 아래로 땅에서는 징조를 베풀리니 곧 피와 불과 연기로다 20 주의 크고 영화로운 날이 이르기 전에 해가 변하여 어두워지고 달이 변하여 피가 되리라 21 누구든지 주의 이름을 부르는 자는 구원을 받으리라 하였느니라 **사도행전 2:16~21**

참고

피와 불과 연기의 기사와 징조가 언제 있었습니까? 출애굽 사건 때입니다. 나일강이 피로 변하고 하나님은 어린 양의 피로 이스라엘 백성들을 구원하셨습니다. 출애굽의 역사를 일으키신 후에는 불과 구름 기둥으로 인도하셨습니다. 성령이 임하시면 제2의 출애굽의 역사가 일어나게 됩니다. 성령이 임하시면 사탄의 압제와 통제에서 벗어나서 자유의 역사가 이루어집니다. 주의 크고 영화로운 날은 예수님이 재림하시는 날을 말하고 있습니다. 해와 달이 어둠과 피로 변한다는 것은 종말 직전에 도래하게 될 대환난을 의미합니다. 예수님의 재림 전과 재림하실 때, 놀라운 역사들과 표적들이 일어나게 되리라는 것을 알 수 있습니다. 그러나 지금 당장 환난과 종말이 닥친다고 하더라도 주님의 이름을 부르는 자는 누구든지 구원을 얻는다고 말씀하십니다.

2. 베드로는 예수님에 대하여 어떻게 설명합니까?(행 2:22~24)

예수님은 나사렛에서 자라나셨고, 큰 권능과 기사와 표적을 베풀어 주셨습니다. 하나님의 정하신 뜻과 미리 아신 대로 내준 바 되어서 법 없는 자들의 손에 의해 십자가에 못 박혀 죽으셨습니다. 그러나 하나님이 예수님을 사망의 고통에서 풀어 살리셨습니다.

22 이스라엘 사람들아 이 말을 들으라 너희도 아는 바와 같이 하나님께서 나사렛 예수로 큰 권능과 기사와 표적을 너희 가운데서 베푸사 너희 앞에서 그를 증언하셨느니라 23 그가 하나님께서 정하신 뜻과 미리 아신 대로 내준 바 되었거늘 너희가 법 없는 자들의 손을 빌려 못 박아 죽였으나 24 하나님께서 그를 사망의 고통에서 풀어 살리셨으니 이는 그가 사망에 매여 있을 수 없었음이라 **사도행전 2:22~24**

3. 다윗이 메시아에 대하여 예언한 말씀을 정리해 보십시오(행 2:25~31).

> 다윗은 메시아 즉, 그리스도를 믿음의 눈으로 미리 보았습니다. 주님이 생명의 길을 보이시고 기쁨을 충만하게 하심을 알았습니다. 자신의 자손 중에서 한 사람을 왕위에 앉히심을 미리 알고 보았으므로 그리스도의 부활을 말하였습니다.

25 다윗이 그를 가리켜 이르되 내가 항상 내 앞에 계신 주를 뵈었음이여 나로 요동하지 않게 하기 위하여 그가 내 우편에 계시도다 26 그러므로 내 마음이 기뻐하였고 내 혀도 즐거워하였으며 육체도 희망에 거하리니 27 이는 내 영혼을 음부에 버리지 아니하시며 주의 거룩한 자로 썩음을 당하지 않게 하실 것임이로다 28 주께서 생명의 길을 내게 보이셨으니 주 앞에서 내게 기쁨이 충만하게 하시리로다 하였으므로 29 형제들아 내가 조상 다윗에 대하여 담대히 말할 수 있노니 다윗이 죽어 장사되어 그 묘가 오늘까지 우리 중에 있도다 30 그는 선지자라 하나님이 이미 맹세하사 그 자손 중에서 한 사람을 그 위에 앉게 하리라 하심을 알고 31 미리 본 고로 그리스도의 부활을 말하되 그가 음부에 버림이 되지 않고 그의 육신이 썩음을 당하지 아니하시리라 하더니 **사도행전** 2:25~31

4. 베드로와 사도들은 부활하신 예수님의 증인으로서 무엇을 전했습니까?(행 2:32~36)

> 베드로는 예수님의 부활을 전했습니다. 예수님이 약속해 주신 성령을 부어 주셨음을 말했고, 하나님이 예수님을 주 그리스도가 되게 하셨음을 증거했습니다.

32 이 예수를 하나님이 살리신지라 우리가 다 이 일에 증인이로다 33 하나님이 오른손으로 예수를 높이시매 그가 약속하신 성령을 아버지께 받아서 너희가 보고 듣는 이것을 부어 주셨느니라 34 다윗은 하늘에 올라가지 못하였으나 친히 말하여 이르되 주께서 내 주에게 말씀하시기를 35 내가 네 원수로 네 발등상이 되게 하기까지 너는 내 우편에 앉아 있으라 하셨도다 하였으니 36 그런즉 이스라엘 온 집은 확실히 알지니 너희가 십자가에 못 박은 이 예수를 하나님이 주와 그리스도가 되게 하셨느니라 하니라 **사도행전** 2:32~36

5. 베드로의 설교에 대한 사람들의 반응은 어땠습니까? 본문에 나온 말씀을 중심으로 정리해 보십시오(행 2:37~42).

> 베드로의 설교를 들은 사람들은 마음에 찔려 우리가 어찌할까 하며 회개하고 세례를 받아 성도가 되었습니다. 그들은 사도들의 가르침을 받고 서로 교제하며 떡을 떼고 오로지 기도하기에 힘썼습니다.

37 그들이 이 말을 듣고 마음에 찔려 베드로와 다른 사도들에게 물어 이르되 형제들아 우리가 어찌할꼬 하거늘 38 베드로가 이르되 너희가 회개하여 각각 예수 그리스도의 이름으로 세례를 받고 죄 사함을 받으라 그리하면 성령의 선물을 받으리니 39 이 약속은 너희와 너희 자녀와 모든 먼 데 사람 곧 주 우리 하나님이 얼마든지 부르시는 자들에게 하신 것이라 하고 40 또 여러 말로 확증하며 권하여 이르되 너희가 이 패역한 세대에서 구원을 받으라 하니 41 그 말을 받은 사람들은 세례를 받으매 이 날에 신도의 수가 삼천이나 더하더라 42 그들이 사도의 가르침을 받아 서로 교제하고 떡을 떼며 오로지 기도하기를 힘쓰니라 **사도행전 2:37~42**

6. 성령이 충만한 베드로의 설교에는 성령의 능력이 있었습니다. 성령의 능력이 그의 설교를 능력 있게 만들었습니다. 혹시 당신에게도 이러한 경험이 있습니까?

1. 베드로의 삶은 성령을 받기 전과 받은 후로 나눌 수 있습니다. 각각의 삶이 어떠했는지 함께 나눠 보십시오.

예수님을 만나기 전	생존을 위한 어부의 삶을 살았음
예수님을 만난 후	주님을 따르며 사람을 낚는 어부의 삶을 살고자 하였으나, 자신의 소욕을 따라 행하고 예수님의 십자가 앞에서 주님을 부인하며 죽기까지 따르지는 못했음
성령을 받은 후	순교하면서까지 복음을 전하는 삶을 살게 됨

2. 베드로의 삶을 나눠서 살펴본 것과 같이 당신의 삶도 나눠서 살펴보십시오. 그리고 가장 큰 변화는 무엇인지 서로 나눠 보십시오.

성령 충만을 받기 전	
성령 충만을 받은 후	

1. 성령님은 베드로를 변화시켜 증인으로 복음을 전파하게 하셨습니다. 이와 같이 오늘날에도 성령님은 당신을 통해 이루고자 하는 사역이 있을 것입니다. 어떤 사역인지, 어떻게 이루길 원하시는지 함께 나눠 보십시오.

2. 성령이 충만한 삶을 가정과 교회 그리고 세상에서도 이어갈 수 있길 바랍니다. 한 주간 동안 어떻게 실천할지 계획하고 실천해 보십시오.

가정	
교회	
세상	

CHAPTER 3

성령 충만 II

사도행전 19장 1~12절

1 아볼로가 고린도에 있을 때에 바울이 윗지방으로 다녀 에베소에 와서 어떤 제자들을 만나

2 이르되 너희가 믿을 때에 성령을 받았느냐 이르되 아니라 우리는 성령이 계심도 듣지 못하였노라

3 바울이 이르되 그러면 너희가 무슨 세례를 받았느냐 대답하되 요한의 세례니라

4 바울이 이르되 요한이 회개의 세례를 베풀며 백성에게 말하되 내 뒤에 오시는 이를 믿으라 하였으니 이는 곧 예수라 하거늘

5 그들이 듣고 주 예수의 이름으로 세례를 받으니

6 바울이 그들에게 안수하매 성령이 그들에게 임하시므로 방언도 하고 예언도 하니

7 모두 열두 사람쯤 되니라

8 바울이 회당에 들어가 석 달 동안 담대히 하나님 나라에 관하여 강론하며 권면하되

9 어떤 사람들은 마음이 굳어 순종하지 않고 무리 앞에서 이 도를 비방하거늘 바울이 그들을 떠나 제자들을 따로 세우고 두란노 서원에서 날마다 강론하니라

10 두 해 동안 이같이 하니 아시아에 사는 자는 유대인이나 헬라인이나 다 주의 말씀을 듣더라

11 하나님이 바울의 손으로 놀라운 능력을 행하게 하시니

12 심지어 사람들이 바울의 몸에서 손수건이나 앞치마를 가져다가 병든 사람에게 얹으면 그 병이 떠나고 악귀도 나가더라

로마서 8장 26절

26 이와 같이 성령도 우리의 연약함을 도우시나니 우리는 마땅히 기도할 바를 알지 못하나 오직 성령이 말할 수 없는 탄식으로 우리를 위하여 친히 간구하시느니라

갈라디아서 5장 22~23절

22 오직 성령의 열매는 사랑과 희락과 화평과 오래 참음과 자비와 양선과 충선과
23 온유와 절제니 이 같은 것을 금지할 법이 없느니라

핵심 주제

성령세례를 통해 성령의 권능까지 힘입어 사역을 감당한다.

'그림의 떡'이란 말을 들어보셨을 겁니다. 떡은 먹을 수 있을 때 가치가 있는 것이지, 아무리 보암직하고 먹음직하여도 먹을 수 없다면 소용이 없는 것이지요. 성령도 마찬가지입니다. 성령님이 우리 안에 임재하지 않으면 아무런 소용이 없습니다. 다른 사람에게 있는 성령은 나와 무관한 성령, 즉 '그림의 떡'인 것입니다.

앞서 우리는 성령님에 대하여 많이 배우고 익혔습니다. 이제는 우리가 성령의 능력을 덧입을 때입니다. 성령의 충만함을 받아 성령의 권능까지 힘입어 온전한 성령의 삶을 영위할 수 있길 소망합니다.

1. 성령을 꼭 받아야 하는 이유는 무엇입니까?

구원, 사명, 영적 성장과 연관됩니다.

2. 물세례와 성령세례의 차이점은 무엇입니까?

물세례는 일종의 예식으로, 성령세례를 받았기에 물세례도 주는 것입니다. 예수님을 믿으면 성령이 임하여 성령세례를 받는 것이고, 자신의 구원에 관한 신앙고백을 공동체 앞에서 물세례를 통해 나타내는 것입니다.

참고 사도행전 10:47~48

에베소는 소아시아의 항구 도시입니다. 당시 경제와 교통과 무역의 중심지로 매우 부유한 도시였습니다. 에베소의 인구는 로마, 알렉산드리아, 안디옥 다음으로 많았고, 아시아의 고린도처럼 이방 종교가 득세하고 미신과 죄악이 들끓는 이방 도시였다고 합니다. 도시 전체에 부적이 매우 유행하고 있었고, 당시 세계에서 가장 유명했던 다산과 풍요의 여신 아데미를 섬기는 이방 신전도 자리하고 있었습니다. 이런 도시에 성령의 놀라운 부흥의 역사가 일어났던 것입니다.

1. 바울이 어떤 제자들에게 '성령을 받았느냐?'고 질문합니다. 이에 대해 그들은 어떻게 대답합니까?(행 19:1~2)

> 본문에 등장하는 어떤 제자들은 '성령이 계심도 듣지 못했다'고 합니다. 그 말은 아마도 예수님의 생애와 사역의 많은 부분에 대해 들어본 적 없고, 예수님의 죽음과 부활에 대해서도 들어보지 못했음을 짐작하게 합니다. 그들은 예수님의 사역 전에 팔레스타인에서 에베소로 이주했던 것으로 보입니다. 예수님을 믿은 사람은 성령을 받은 사람이기 때문에 너희가 믿을 때에 성령을 받았느냐고 물었던 것입니다.

> **참고**
> 본문을 가지고, 믿음과 회심이 있은 후에 성령을 받는 일이 뒤따른다는 것은 잘못된 해석입니다. 왜냐하면 바울이 이 제자들을 만났을 때는 그들이 아직 그리스도인이 아니었기 때문입니다. 아직 예수님을 믿지 않고 있었습니다. 바울이 처음에는 그들을 성도라고 생각했을지 모르나, 그들의 태도와 행동이 성령의 내주하심을 나타내지 못함을 깨닫고 질문한 것으로 볼 수 있습니다.

1 아볼로가 고린도에 있을 때에 바울이 윗지방으로 다녀 에베소에 와서 어떤 제자들을 만나
2 이르되 너희가 믿을 때에 성령을 받았느냐 이르되 아니라 우리는 성령이 계심도 듣지 못하였노라 **사도행전** 19:1~2

2. 요한의 세례를 받았다는 그들은 몇 명이고, 바울은 그들에게 무엇을 말하고 행합니까?(행 19:3~7)

> 7절을 보면 열두 사람쯤 성령을 받은 것을 볼 수 있습니다. 바울은 그들에게 처음으로 예수님에 대해 말하고 있습니다. 복음을 증거한 것입니다. 이 사실을 통해서도 그들이 예수님의 제자가 아니었음을 알 수 있습니다. 그들은 겉으로만 믿는 체했는데, 중생을 위해서는 성령의 체험이 필요했기 때문에 바울이 그들에게 예수 그리스도를 증거하고 세례를 베풀었습니다. 그렇게 바울이 안수할 때 성령이 임하여 방언과 예언을 했습니다.
>
> 참고
> 그들은 축소판 오순절 성령 강림을 경험했습니다. 회개와 믿음, 물세례와 성령의 선물이 중요합니다. 방언이나 예언을 신앙에서 무조건 일반화시키지는 않습니다. 그들이 예수님에게 속하게 되었음을 성령이 공개적이고 가시적으로 보여 주신 사건이라고 할 수 있습니다. 예수님을 믿을 때는 체험이 있든 없든 성령이 내주하시는 역사가 일어납니다. 예수님을 믿는 순간 이미 성령의 세례를 받은 것입니다.

3 바울이 이르되 그러면 너희가 무슨 세례를 받았느냐 대답하되 요한의 세례니라 4 바울이 이르되 요한이 회개의 세례를 베풀며 백성에게 말하되 내 뒤에 오시는 이를 믿으라 하였으니 이는 곧 예수라 하거늘 5 그들이 듣고 주 예수의 이름으로 세례를 받으니 6 바울이 그들에게 안수하매 성령이 그들에게 임하시므로 방언도 하고 예언도 하니 7 모두 열두 사람쯤 되니라
사도행전 19:3~7

3. 바울은 성령세례를 받게 한 지역에서 어떤 사역들을 펼쳤습니까?(행 19:8~12)

바울은 석 달 동안 하나님 나라에 관하여 강론하였고, 제자들을 따로 세웠으며, 두란노 서원에서는 두 해 동안 날마다 강론했습니다. 하나님은 바울로 하여금 놀라운 능력을 행하게 하셔서 병든 자들을 치유하시고 악귀도 떠나가게 하셨습니다. 바울의 사역은 예수님의 사역과 닮아 있습니다. 전파하고 가르치고 치료하는 사역들이었습니다. 제자들을 양육하고 훈련하는 사역이었습니다. 지금 진행하고 있는 제자훈련 사역도 하나님의 말씀에 기초한 성령이 이끄시는 사역이라고 할 수 있습니다.

참고 1

에베소 교회에 성령의 은사가 나타나기 시작했습니다. 그러나 체험이든지 은사이든지 하나님의 말씀을 앞설 수 없습니다. 하나님의 말씀으로 평가 받고, 하나님의 말씀으로 검증 받고, 하나님의 말씀으로 교훈 받아야 합니다. 말씀에서 떠나면 안 됩니다. 에베소 선교의 시작은 말씀으로 가능했습니다. 바울은 8절에서도 강론했고, 9절에서도 강론했습니다. 20절에도 보면, '이와 같이 주의 말씀이 힘이 있어 흥왕하여 세력을 얻으리라'고 말씀하고 있습니다. 주님의 말씀, 즉 예수 그리스도가 바울을 통해 능력 있게 증거 되고 있음을 알 수 있습니다. 이것이 성령의 나타나심의 원리입니다. 성령의 충만함은 예수 그리스도가 드러나는 것입니다. 하나님의 말씀, 예수 그리스도의 복음이 흥왕하게 전파되는 것입니다.

참고 2

두 해 동안 두란노 서원에서 바울이 날마다 강론했습니다. 제자로 구별된 이들이 두 해 동안 날마다 하나님의 말씀을 듣고 받은 셈입니다. 하나님 앞에 자신의 삶을 구별해 드린 것입니다. 변화를 위해서는 세상적인 것들을 포기해야 하고 구별해야 합니다. 오늘날의 교회에는 적당히 신앙생활하고 적당히 헌신하는 사람들이 많습니다. 그러나 하나님은 온전히 헌신하는 사람을 찾으십니다. 변화를 일으키기 위해서는 삶을 바꾸어야 합니다. 결단하고 헌신해야 합니다.

8 바울이 회당에 들어가 석 달 동안 담대히 하나님 나라에 관하여 강론하며 권면하되 9 어떤 사람들은 마음이 굳어 순종하지 않고 무리 앞에서 이 도를 비방하거늘 바울이 그들을 떠나 제자들을 따로 세우고 두란노 서원에서 날마다 강론하니라 10 두 해 동안 이같이 하니 아시아에 사는 자는 유대인이나 헬라인이나 다 주의 말씀을 듣더라 11 하나님이 바울의 손으로 놀라운 능력을 행하게 하시니 12 심지어 사람들이 바울의 몸에서 손수건이나 앞치마를 가져다가 병든 사람에게 얹으면 그 병이 떠나고 악귀도 떠나 가더라 **사도행전** 19:8~12

4. 성령세례와 성령의 충만함을 받으려면 어떤 자세가 필요합니까? 다음의 주어진 말씀을 토대로 정리해 보십시오.

사도행전 19장 4~5절	예수 그리스도를 믿음
로마서 8장 5~8절	육신을 따르지 않음 참고 요한일서 2:15~17
마태복음 7장 9~11절	구하고 찾고 문을 두드림, 간절히 구함 참고 누가복음 11:9~13
요한일서 1장 9절	우리의 죄를 자백함 참고 고린도전서 3:16

5. 만약 당신이 아직 성령의 충만함을 받지 못했다면, 위의 4가지 자세 중 무엇이 부족해서인지 생각해 보십시오.

6. 오랜 시간 성령이 충만하면 우리의 인격은 어떻게 변화될지 말해 보십시오(갈 5:22~23 참조).

주님을 닮아감 | 성령의 아홉 가지 열매가 함께 드러남

22 오직 성령의 열매는 사랑과 희락과 화평과 오래 참음과 자비와 양선과 충선과 23 온유와 절제 이 같은 것을 금지할 법이 없느니라 **갈라디아서** 5:22~23

나의 깨달음

1. 다음의 말씀을 토대로 성령님은 주로 어떤 사역을 하시는지 살펴보십시오.

요한복음 14장 26절	모든 것을 가르치시고 모든 것을 생각나게 하심
요한복음 16장 7~8절	죄에 대하여, 의에 대하여, 심판에 대하여 세상을 책망하심
사도행전 1장 8절	증인이 되게 하심 참고 누가복음 4:18
요한복음 16장 13절	진리 가운데로 인도하심, 장래 일을 알리심 참고 사도행전 2:17
로마서 8장 26절	말할 수 없는 탄식으로 우리를 위하여 친히 간구하심

요한복음 16:7~8에서 죄와 의와 심판에 대한 책망에 관하여 말씀하십니다.

죄 | 죄에 대하여 책망하시면서 믿으라고 말씀하십니다. 예수님을 믿지 않는 것이 죄라는 것을 깨닫게 하십니다. 그리고 회개하도록 이끄십니다.

의 | 하나님이 인정하시는 의는 다른 것이 없습니다. 오직 예수 그리스도 한 분입니다. 예수님의 의를 받아야 하나님 앞에 의인이 될 수 있습니다. 그러나 세상은 예수님이 유일한 의라고 인정하지 않고 있습니다. 그래서 책망 받는 것입니다. 세상의 것을 의로 생각하고 행하면 성령님이 책망하시는 것입니다.

심판 | 예수님이 이 땅에 오시면서 세상은 이미 심판을 받은 것이라 할 수 있습니다. 예수님이 세상에 오셔서 회개하라고 하셨기 때문에 회개하지 않는 세상은 이미 심판을 받은 것입니다. 회개하라는 그 음성을 듣지 않는 사람들은 하나님의 진노 아래로 들어가게 됩니다. 결론적으로 성령님은 죄와 의와 심판에 대하여 세상을 책망하십니다.

2. 당신은 성령의 충만함을 받고 하나님께 감사의 기도를 올린 적이 있습니까? 이 시간 감사에 대한 구체적인 제목을 가지고 서로 돌아가며 기도해 보십시오.

1. 성령이 충만하여 성령의 능력을 내세우는 것도 중요하지만, 무엇보다 중요한 것은 자신의 인격과 삶의 열매로 성령 받은 것을 증명해야 합니다. 그 삶의 열매들이 무엇인지 주어진 말씀을 토대로 적어 보십시오.

사도행전 2장 42절	사도의 가르침을 받음 서로 교제하고 떡을 떼며 오로지 기도하기에 힘씀
사도행전 4장 31절	담대히 하나님의 말씀을 전파함
갈라디아서 5장 22~26절	육체와 함께 그 정욕과 탐심을 십자가에 못 박음

2. 위의 삶의 열매들이 한 주간 당신의 삶에 얼마나 드러나는지를 관찰해 보십시오.

가정	
교회	
세상	

CHAPTER 4

보혜사 성령님

요한복음 14장 16~24절

16 내가 아버지께 구하겠으니 그가 또 다른 보혜사를 너희에게 주사 영원토록 너희와 함께 있게 하리니

17 그는 진리의 영이라 세상은 능히 그를 받지 못하나니 이는 그를 보지도 못하고 알지도 못함이라 그러나 너희는 그를 아나니 그는 너희와 함께 거하심이요 또 너희 속에 계시겠음이라

18 내가 너희를 고아와 같이 버려두지 아니하고 너희에게로 오리라

19 조금 있으면 세상은 다시 나를 보지 못할 것이로되 너희는 나를 보리니 이는 내가 살아 있고 너희도 살아 있겠음이라

20 그 날에는 내가 아버지 안에, 너희가 내 안에, 내가 너희 안에 있는 것을 너희가 알리라

21 나의 계명을 지키는 자라야 나를 사랑하는 자니 나를 사랑하는 자는 내 아버지께 사랑을 받을 것이요 나도 그를 사랑하여 그에게 나를 나타내리라

22 가룟인 아닌 유다가 이르되 주여 어찌하여 자기를 우리에게는 나타내시고 세상에는 아니하려 하시나이까

23 예수께서 대답하여 이르시되 사람이 나를 사랑하면 내 말을 지키리니 내 아버지께서 그를 사랑하실 것이요 우리가 그에게 가서 거처를 그와 함께하리라

24 나를 사랑하지 아니하는 자는 내 말을 지키지 아니하나니 너희가 듣는 말은 내 말이 아니요 나를 보내신 아버지의 말씀이니라

로마서 8장 1~2절

1 그러므로 이제 그리스도 예수 안에 있는 자에게는 결코 정죄함이 없나니

2 이는 그리스도 예수 안에 있는 생명의 성령의 법이 죄와 사망의 법에서 너를 해방
하였음이라

누가복음 11장 13절

13 너희가 악할지라도 좋은 것을 자식에게 줄 줄 알거든 하물며 너희 하늘 아버지께서
구하는 자에게 성령을 주시지 않겠느냐 하시니라

보혜사 성령님과 그분의 사역에 대하여 안다.

첫 사람의 범죄로 세상 가운데 죄가 들어온 이후 하나님의 가장 큰 관심사는 인간의 구원이었습니다. 이 일을 위해 하나님은 믿음의 조상들과 선지자들 그리고 왕들을 통해 사역하셨습니다. 그리고 마침내 독생자 예수 그리스도를 이 땅에 보내서서 구원을 위한 십자가를 지게 하셨습니다.

부활하신 예수님의 승천 이후, 구원을 위한 사역은 보혜사 성령님과 더불어 계속 이루어지고 있습니다. 하나님의 구원 사역은 단 한순간도 우리를 떠난 적이 없습니다. 예수님의 마지막 말씀처럼 보혜사 성령님이 영원히 우리의 곁을 떠나지 않고 함께하십니다. 이시간 보혜사 성령님과 그분의 사역에 대해 좀더 자세히 공부할 수 있길 바랍니다.

1. 당신에게 여전히 끝나지 않는 근심과 걱정이 있습니까?

2. 지금 당신에게 있는 가장 큰 기도 제목은 무엇입니까?

1. 보혜사 성령님을 우리에게 보내신 분은 누구입니까? 그리고 그 목적은 무엇입니까?(요 14:16)

또 다른 보혜사를 보내 달라고 요청하신 분은 예수님이고, 보내신 분은 하나님이며, 보냄 받으신 분은 성령님입니다. 삼위일체 하나님이 함께 역사하시는 것입니다. 보내신 목적은 영원토록 우리와 함께하시기 위함입니다.

참고

요한복음 14:18에서 '우리를 고아와 같이 버려두지 않으시겠다'고 하십니다. 인간은 누구나 인생을 혼자 걸어가는 것처럼 느낍니다. 그러나 예수님은 제자들에게 내가 너희를 버려두지 않겠다고 말씀하십니다. 외로움과 고독은 우리의 것이 아닙니다. 고아처럼 울거나 두려워하지 말라고 하십니다.

16 내가 아버지께 구하겠으니 그가 또 다른 보혜사를 너희에게 주사 영원토록 너희와 함께 있게 하리니 **요한복음** 14:16

2. 보혜사 성령님은 누구십니까? 그리고 어디에 거하십니까?(요 14:17)

보혜사 성령님은 진리의 영이시고, 우리 속에 우리와 함께하십니다.

참고

법정 용어로 나를 위해 대변해 줄 수 있는 사람을 '보혜사'라고 합니다. 성경에서 보혜사는 헬라어로 '파라클레토스', 영어로 '헬퍼', 필요가 절실할 때나 어려움이 있을 때에 도움을 청할 수 있는 대상입니다. 우리를 돕는 분이고 상담자이며 위로자입니다. 예수님은 육체를 입고 이 땅에 오셨기 때문에 3년간 제자들과 함께 지내다 떠나실 수밖에 없었지만, 성령님은 예수 그리스도의 영으로서 시간과 공간의 제약을 받지 않으십니다. 우리를 떠나지 않으시며 우리와 영원토록 함께하고 있습니다.

17 그는 진리의 영이라 세상은 능히 그를 받지 못하리니 이는 그를 보지도 못하고 알지도 못함이라 그러나 너희는 그를 아나니 그는 너희와 함께 거하심이요 또 너희 속에 계시겠음이라 **요한복음** 14:17

3. 다음의 말씀을 읽고, 보혜사 성령님의 역할에 대해 정리해 보십시오.

로마서 8장 26절	말할 수 없는 탄식으로 우리를 위하여 친히 간구하심
요한복음 14장 26절	모든 것을 가르치시고 모든 것을 생각나게 하심 참고 요한복음 15:26 _ 예수 그리스도를 증거하심
사도행전 9장 31절	성령의 위로하심 참고 위로의 헬라어는 '파라클레시스'로, 격려와 권면의 의미를 포함함
요한복음 16장 13절	진리 가운데로 인도하시고 장래 일을 알리심 참고 사도행전 2:1, 요한복음 14:17

4. 다음의 말씀을 읽고, 보혜사 성령님의 역할에 대해 정리해 보십시오.

1) 간구와 기도 | 돕는 자

2) 가르치심 | 예수 그리스도를 증거하심

3) 위로와 격려

4) 진리 가운데로 인도하심

5) 변호하시며 죄에서 자유하게 하심

5. 그리스도인들이 성령의 도우심을 받지 못하는 이유는 무엇이라 생각합니까?

육신을 따르고 있어서

[참고] 로마서 8:5~8, 요한일서 2:15~17

죄에 대한 회개가 없어서

[참고] 고린도전서 3:16, 요한일서 1:9

구하며 기도하지 않아서

[참고] 누가복음 11:9~13

6. 당신은 성령의 도우심을 잘 받고 있습니까? 이 시간 성령의 도우심을 좀더 간구하는 내용을 적어 보십시오.

1. 당신은 성령의 도우심으로 다른 사람들을 격려하거나 도움을 준 적이 있습니까? 어떤 격려와 도움이었는지 함께 나눠 보십시오.

2. 보혜사 성령님은 항상 당신의 곁에서 당신의 모든 것을 도와주십니다. 보혜사 성령님을 직접 경험한 적이 있으면 나눠 보십시오.

1. 다음은 보혜사 성령님의 역할입니다. 각 항목에 맞게 당신이 보혜사 성령님의 도움을 바라는 기도 제목을 적어 보십시오.

돕는 자	
가르치는 자	
위로자	
인도자 (상담자)	
대언자 (변호자)	

2. 보혜사 성령님과 같이 당신도 다른 사람들에게 도움이 되었으면 합니다. 가정과 교회 그리고 세상 가운데 다른 사람을 격려하고 도움을 주는 일을 하루 한 가지씩 계획하고 실천해 보십시오.

가정	
교회	
세상	

제자도 I

CHAPTER
1

제자의 길

누가복음 5장 1~11절

1 무리가 몰려와서 하나님의 말씀을 들을새 예수는 게네사렛 호숫가에 서서

2 호숫가에 배 두 척이 있는 것을 보시니 어부들은 배에서 나와서 그물을 씻는지라

3 예수께서 한 배에 오르시니 그 배는 시몬의 배라 육지에서 조금 떼기를 청하시고 앉으사 배에서 무리를 가르치시더니

4 말씀을 마치시고 시몬에게 이르시되 깊은 데로 가서 그물을 내려 고기를 잡으라

5 시몬이 대답하여 이르되 선생님 우리들이 밤이 새도록 수고하였으되 잡은 것이 없지마는 말씀에 의지하여 내가 그물을 내리리이다 하고

6 그렇게 하니 고기를 잡은 것이 심히 많아 그물이 찢어지는지라

7 이에 다른 배에 있는 동무들에게 손짓하여 와서 도와 달라 하니 그들이 와서 두 배에 채우매 잠기게 되었더라

8 시몬 베드로가 이를 보고 예수의 무릎 아래에 엎드려 이르되 주여 나를 떠나소서 나는 죄인이로소이다 하니

9 이는 자기 및 자기와 함께 있는 모든 사람이 고기 잡힌 것으로 말미암아 놀라고

10 세베대의 아들로서 시몬의 동업자인 야고보와 요한도 놀랐음이라 예수께서 시몬에게 이르시되 무서워하지 말라 이제 후로는 네가 사람을 취하리라 하시니

11 그들이 배들을 육지에 대고 모든 것을 버려두고 예수를 따르니라

마가복음 1장 17~18절

17 예수께서 이르시되 나를 따라오라 내가 너희로 사람을 낚는 어부가 되게 하리라 하시니

18 그물을 버려두고 따르니라

누가복음 9장 23절

23 또 무리에게 이르시되 아무든지 나를 따라오려거든 자기를 부인하고 날마다 제 십자가를 지고 나를 따를 것이니라

핵심 주제

제자의 참 의미를 알고, 성도의 삶을 영위한다.

우리는 누구입니까? 우리는 예수님을 믿을 때 하나님의 자녀가 됩니다. 또 성도가 됩니다. 그렇다면, 예수님의 제자는 어떤 사람입니까? 보통 사람들은 예수님의 제자를 생각할 때 성도들 중에서 특별히 구별된 사람을 지칭하는 말로 생각합니다. 그래서 제자훈련을 받거나 수료한 사람들을 대단한 사람들로 여기는 게 우리의 실정일 수 있습니다.

하지만 하나님의 말씀인 성경을 살펴보면 그렇지 않습니다. 예수님을 믿고 따르며 구원받은 성도의 삶을 사는 자를 '제자'라고 합니다. 이쯤에서 우리는 또 다른 질문이 생길 것입니다. '과연 내가 참된 제자의 삶을 살고 있는 것인가?'라고 말입니다. 제자의 삶, 성숙된 그리스도인의 삶을 위해 우리는 훈련을 받는 것입니다. 이 시간 제자훈련이 감투가 아닌 진정한 성도의 삶을 영위하기 위한 과정임을 깨달을 수 있길 소망합니다.

1. 당신이 예수님을 믿기 때문에 포기한 것이 있습니까? 또는 제자훈련을 받기 위해 포기한 것이 있습니까? 무엇을 포기했는지 서로 솔직하게 나눠 보십시오.

2. 예수님이 당신을 성도로, 제자훈련생으로 부르실 때 어떤 소명으로 부르셨다고 생각합니까? 구체적으로 말해 보십시오.

1. 예수님은 무리를 향해 하나님의 말씀을 마치시고, 시몬에게 무엇을 명합니까? 이에 대한 시몬의 대답과 반응은 어떠했습니까?(눅 5:4~5)

> 예수님이 어부들을 찾아오셨고 그중에 베드로를 부르셨습니다. 베드로는 지난밤에 갈릴리의 게네사렛 호숫가에서 오랜 시간 수고했지만 고기를 잡지 못하고 허탕 치고 돌아와서 어부들과 함께 그물을 씻고 있었습니다. 예수님은 두 척의 배 중에서 베드로의 배에 올라 가르치기 시작하셨습니다. 말씀을 마치신 후에는 베드로에게 깊은 데로 가서 그물을 내려 고기를 잡으라고 명령하십니다. 베드로는 어젯밤 헛수고의 시간을 기억하고 있었겠지만 주님의 명령에 순종하고 말씀에 의지하여 그물을 내립니다.

> 참고
>
> 갈릴리 해변에서는 야간 고기잡이가 흔했다고 합니다. 물고기들이 적극적으로 활동하며 수면으로 더 가까이 올라오는 시간이 밤이었습니다. 해가 높이 뜰수록 물고기는 더 깊은 곳으로 내려가서 활동하기 때문에 낮에는 그물을 던져도 별다른 소득이 없었을 것입니다. 이런 상황을 감안해 베드로를 비롯한 어부들이 밤새 노력했지만 빈 그물로 돌아왔습니다.

4 말씀을 마치시고 시몬에게 이르시되 깊은 데로 가서 그물을 내려 고기를 잡으라 5 시몬이 대답하여 이르되 선생님 우리들이 밤이 새도록 수고하였으되 잡은 것이 없지마는 말씀에 의지하여 내가 그물을 내리리이다 하고 **누가복음** 5:4~5

2. 예수님의 말씀대로 한 시몬은 어떤 결과를 얻었습니까?(눅 5:6~7)

> 주님은 기적을 베풀어 주셨습니다. 잡은 고기가 너무 많아서 그물이 찢어지기 시작했을 정도입니다. 동무들에게 손짓해서 도움을 청해야 할 정도였고, 두 배에 고기를 다 채웠을 때에는 배가 잠길 정도였습니다. 놀라운 기적이었습니다.

6 그렇게 하니 고기를 잡은 것이 심히 많아 그물이 찢어지는지라 7 이에 다른 배에 있는 동무들에게 손짓하여 와서 도와 달라 하니 그들이 와서 두 배에 채우매 잠기게 되었더라 **누가복음** 5:6~7

3. 만약 당신이 시몬이었다면, 어떤 기분이었겠습니까? 당시 시몬의 직업과 상황을 충분히 고려하여 묵상한 후에 서로 나눠 보십시오.

> 시몬 베드로는 밤새도록 물고기를 한 마리도 잡지 못한 채 심신이 피곤하고 지쳤을 것입니다. 계속해서 그물을 던졌지만 번번이 허탕이었습니다. 실망과 허탈감 속에서 밤새 단 한 마리의 고기도 잡아 올리지 못한 채 그물을 씻고 있었습니다. 물고기를 잡아야 하루를 벌어먹고 사는데 가족들에게도 미안했을 것입니다. 자신의 모습이 참으로 초라하고 비참했을 것이고, 하루하루가 힘겹게 느껴졌을 것입니다.

> 참고

> 베드로에게 장모가 있었다는 것을 볼 때 베드로는 결혼했고 가족이 있는 사람입니다. 물고기를 한 마리도 잡지 못했으니 그런 가족에게 면목이 없고 초췌한 모습이었을 것입니다. 상황을 보더라도 말씀에 순종하기 어려워 보입니다. 먼저 시간상 불가능해 보이기 때문입니다. 이미 아침 해가 떠올라서 물고기가 그물을 보고 빠져나갈 수 있습니다. 경험에 비추어 보더라도 불가능합니다. 지난밤에 밤새 그물을 내렸지만 헛수고를 이미 경험했기 때문입니다. 감정상으로도 그렇고, 체력적으로도 그렇습니다. 몸과 마음이 다 지쳐 있습니다. 그물을 씻고 있는데 또 그물을 내리면 다시 씻어야 합니다. 너무 귀찮고 힘든 일입니다. 명령한 사람을 보더라도 신뢰가 가지 않습니다. 자신은 잔뼈가 굵은 어부지만 예수님은 목수 출신입니다. 그러나 이 모든 계산을 내려놓았더니 놀라운 기적을 경험하게 됩니다. 인생의 큰 전환점이 찾아온 것입니다.

4 말씀을 마치시고 시몬에게 이르시되 깊은 데로 가서 그물을 내려 고기를 잡으라 5 시몬이 대답하여 이르되 선생님 우리들이 밤이 새도록 수고하였으되 잡은 것이 없지마는 말씀에 의지하여 내가 그물을 내리리이다 하고 **누가복음**5:4~5

4. 시몬 베드로는 예수님의 무릎 아래 엎드려 무엇을 말합니까? 시몬 베드로가 자신을 '죄인'이라고 말한 이유는 무엇입니까? <누가복음> 5장 8~10절 말씀을 깊이 묵상한 후에 당신의 생각을 정리하여 말해 보십시오.

> 베드로가 어젯밤에 밤이 늦도록 수고해도 전혀 잡히지 않던 물고기들을 그물이 찢어질 정도로 잡게 되었습니다. 이 놀라운 일을 체험한 후에 베드로가 주님 앞에서 '나를 떠나소서 나는 죄인'이라고 말했습니다. 주님의 거룩하심과 위대하심을 두 눈으로 보고 자기 자신의 죄악을 고통스럽게 자각하게 된 것입니다. 메시아를 만나자 자신의 죄와 연약함을 깨닫고 예수님의 무릎 앞에 엎드려 자신을 떠나시기를 요청한 것입니다. 마치 이사야가 거룩하신 하나님을 만나 고백하던 모습과 비슷하다고 할 수 있습니다.
>
> `참고`
>
> **이사야 6:5 _** "그때에 내가 말하되 화로다 나여 망하게 되었도다 나는 입술이 부정한 사람이요 나는 입술이 부정한 백성 중에 거주하면서 만군의 여호와이신 왕을 뵈었음이로다 하였더라"

8 시몬 베드로가 이를 보고 예수의 무릎 아래에 엎드려 이르되 주여 나를 떠나소서 나는 죄인이로소이다 하니 9 이는 자기 및 자기와 함께 있는 모든 사람이 고기 잡은 것으로 말미암아 놀라고 10 세베대의 아들로서 시몬의 동업자인 야고보와 요한도 놀랐음이라 예수께서 시몬에게 이르시되 무서워하지 말라 이제 후로는 네가 사람을 취하리라 하시니 **누가복음** 5:8~10

5. 예수님이 '죄인'이라 고백하는 시몬 베드로에게 하신 말씀은 무엇입니까? 그리고 시몬 베드로는 물론 그의 동업자인 야고보와 요한까지 어떻게 행합니까?(눅 5:10~11)

죄인이라는 베드로의 고백 이후에 주님은 베드로에게 사람 낚는 어부가 되라는 사명을 주십니다. 예수님은 무서워하지 말라고, 이제 후로는 네가 사람을 취하리라 말씀하십니다. 사람을 취한다는 것은 복음으로 사람을 얻게 된다는 것을 의미합니다. 이제까지는 생명을 죽이기 위해 그물을 걷어올렸지만, 이제는 생명을 나눠주기 위해 일하게 될 것이라 말씀하신 것입니다. 복음 사역과 전도 사역을 위해 하나님이 사용하시는 것입니다. 자신의 생존을 위해 살던 인생에서 하나님의 영광과 복음 전도를 위해 사는 인생으로 전환된 것입니다.

놀라운 것은 베드로와 야고보와 요한이 배를 육지에 대고 모든 것을 버려두고 예수님을 따르게 되었다는 사실입니다. 그물이 찢어지고 배가 잠길 만큼 잡은 물고기들도 버려두고 예수님을 따른 것입니다. 아마도 자신의 인생에서 가장 많이 잡은 물고기였을 텐데 그것들을 내버려둔 채 예수님을 따라갔습니다. 그 많은 물고기들도 주님을 알게 해 준 진리에 비하면 전혀 중요하지 않다고 여겼기 때문입니다.

예수님이 그들에게 찾아오신 것은 그들이 물고기를 많이 잡고 하루 품삯을 많이 벌게 하려는 것이 아니라, 제자로 불러서서 사명을 감당시키기 위함이었습니다. 그 사명이 바로 사람을 낚는 것이었습니다. 모든 사람에게 모든 소유를 다 버리고 무소유로 살라고 말씀하시는 것은 아니지만, 삶의 우선순위에 대해 분명하게 말씀하고 있습니다. 주님 외에 다른 것을 주인 삼아서는 안 됩니다. 자신의 소유물에 집착해서도 안 되고 이 모든 것을 주님을 위해 내려놓을 수 있어야 합니다. 과거를 뒤에 버려두고 미래를 주님에게 위탁하는 것입니다. 이것이 제자의 삶입니다.

10 세베대의 아들로서 시몬의 동업자인 야고보와 요한도 놀랐음이라 예수께서 시몬에게 이르시되 무서워하지 말라 이제 후로는 네가 사람을 취하리라 하시니 11 그들이 배들을 육지에 대고 모든 것을 버려 두고 예수를 따르니라 **누가복음** 5:10~11

6. 예수님은 시몬 베드로에게 하셨던 말씀을 지금 당신에게 동일하게 하고 계십니다. 그동안 예수님의 부르심에 반항한 경험이 있습니까? 당신의 삶을 돌아보십시오.

> 우리의 관심은 물고기를 잡는 데 있습니다. 물고기를 많이 잡는 것도 중요합니다. 그러나 주님보다 그것에 목숨을 걸면 우리의 인생은 초라해지고 맙니다. 물고기 앞에 무릎 꿇지 마십시오. 주님 앞에 무릎을 꿇어야 합니다. 주님의 사람이 되어야 합니다. 말씀에 의지하여 모든 것을 하지만, 언제나 모든 것을 주님 앞에 내려놓을 줄 아는 사람, 이런 사람이 진정한 주님의 제자입니다. 주님을 위해 나의 소유, 재능, 시간 등 모든 것을 드릴 수 있어야 합니다.
>
> 우리의 삶의 목적을 물고기를 잡는 수준에 머무르게 해서는 안 될 것입니다. 나의 만족을 위해 사는 것이 아니라 하나님의 영광을 위해 살고, 다른 영혼들을 구하는 축복의 삶으로 나아가야 합니다. 그 삶은 영혼을 구원하는 삶입니다. 영혼들을 주님께로 인도하고 또 다른 주님의 제자들을 일으키는 삶입니다. 예수님의 사역의 목적은 잃어버린 영혼들에게 생명을 주시는 것이었습니다. 이 생명은 이 세상의 차원을 넘어서는 완전하고도 영원한 것입니다.

나의 깨달음

1. <시편> 119편 105절의 말씀을 깊이 묵상해 보십시오. 당신은 이 말씀을 당신의 고백으로 자신 있게 말할 수 있습니까? 혹시 그렇지 못하다면 그 이유는 무엇입니까?

105 주의 말씀은 내 발에 등이요 내 길에 빛이니이다 **시편** 119:105

2. 하나님의 말씀이 당신에게 그저 책이 아닌 발의 등이요, 길의 빛이길 바랍니다. 당신의 삶에서 하나님의 말씀을 실천하기 위해 어떤 노력을 하고 있습니까? 혹시 특별한 노력이 없다면, 이 시간에 말씀으로 살기를 다짐하고 어떻게 실천할지 당신만의 방법을 계획해 보십시오. 매일의 식단을 짜듯이 골고루 구체적으로 계획하길 바랍니다.

세상으로 나아가기

1. 예수님을 만나기 전, 베드로의 모습은 우리의 모습과 똑같습니다. 밤새 수고해도 물고기 한 마리도 못 얻는 인생, 이것이 오늘날 하루하루 힘들게 살아가는 우리의 모습입니다. 당신의 삶에서 가장 힘든 것은 무엇입니까? 그리고 믿음 안에서 어떻게 극복해 나아갈지 함께 나눠 보십시오.

2. 성도의 삶, 제자로 살아가는 것은 참으로 어려운 일입니다. 다짐하고 또 다짐해도 쉽지 않은 것이 바로 성도의 삶입니다. 그럼에도 불구하고 당신은 한 주 동안 가정과 교회 그리고 세상에서 어떤 모습으로 살아갈지 말해 보십시오.

가정	
교회	
세상	

CHAPTER 2

추수할 일꾼

중심 말씀

마태복음 9장 35절~10장 1절

35 예수께서 모든 도시와 마을에 두루 다니사 그들의 회당에서 가르치시며 천국 복음을 전파하시며 모든 병과 모든 약한 것을 고치시니라

36 무리를 보시고 불쌍히 여기시니 이는 그들이 목자 없는 양과 같이 고생하며 기진함이라

37 이에 제자들에게 이르시되 추수할 것은 많되 일꾼이 적으니

38 그러므로 추수하는 주인에게 청하여 추수할 일꾼들을 보내 주소서 하라 하시니라

10:1 예수께서 그의 열두 제자를 부르사 더러운 귀신을 쫓아내며 모든 병과 모든 약한 것을 고치는 권능을 주시니라

마태복음 28장 19~20절

19 그러므로 너희는 가서 모든 민족을 제자로 삼아 아버지와 아들과 성령의 이름으로
세례를 베풀고

20 내가 너희에게 분부한 모든 것을 가르쳐 지키게 하라 볼지어다 내가 세상 끝날까지
너희와 항상 함께 있으리라 하시니라

디모데후서 4장 2절

2 너는 말씀을 전파하라 때를 얻든지 못 얻든지 항상 힘쓰라 범사에 오래 참음과 가르
침으로 경책하며 경계하며 권하라

핵심 주제

주님의 제자로 복음을 가지고 세상 가운데 나아가 담대히 선포한다.

예수님은 시몬 베드로를 비롯해 열두 제자를 부르셨습니다. 그리고 그들에게 더러운 귀신을 쫓아내며 모든 병과 모든 약한 것을 고치는 권능을 주셨습니다. 그런데 이 놀라운 역사가 결코 과거의 역사가 아니라는 겁니다. 하나님의 말씀은 어제나 오늘이나 동일하시며, 지금도 현재진행형입니다. 즉 열두 제자에게 주신 권능이 오늘날 우리에게도 있음을 기억하십시오.

"너희는 온 천하에 다니며 만민에게 복음을 전파하라"(막16:15). 우리는 이 말씀을 더욱 깊이 새길 수 있길 바랍니다. 복음을 전파하고자 하는 결단이 필요함을 잊지 마십시오. 이 시간을 통해 부활의 증인으로 담대히 나아가 주님의 십자가 복음을 선포할 수 있길 소망합니다.

1. 당신은 그동안 얼마나 많은 사람에게 복음을 전했습니까? 복음을 전한 사람 중 특별히 기억에 남는 사람이 있습니까?

2. 전도의 방법에는 정답이 없습니다. 훈련을 받은 사람이 전도에 능숙하고, 그렇지 않은 사람은 전도에 서투르다는 것은 핑계입니다. 당신만의 전도 방법이 있다면, 이 시간에 함께 공유해 보십시오.

1. 본문에 나오는 3대 사역을 찾아 적어 보십시오. 그리고 각 사역에 대하여 당신이 아는 대로 설명해 보십시오.

예수님은 말씀을 가르치시고 천국 복음을 전파하시며 모든 병과 약한 것을 고치시는 사역을 하셨습니다. 가르치고, 전파하고, 치료하셨습니다.

1) 가르치는 사역
예수님은 가르치셨습니다. 우리에게도 영혼들에게 가르쳐서 지키게 하라고 명령하셨습니다. 복음서의 말씀이 예수님의 가르침들로 가득차 있습니다. 사실 성경 전체가 주님의 가르침의 말씀이라고 할 수 있습니다. 가르칠 때 올바른 변화가 일어납니다. 제자 삼는 비결이 여기에 있습니다.

2) 전파하는 사역
주님은 천국 복음을 전파하셨습니다. 복음은 회개하고 예수님을 믿으라는 것입니다. 천국이 가까이 왔다는 것입니다. 이것은 선포입니다. 복음에는 타협이나 논쟁의 여지가 없습니다. 진리에 관한 선포입니다. 예수님은 복음을 선포하신 것입니다.

3) 고치는(치료하는) 사역
예수님은 모든 병과 모든 약한 것을 고치셨습니다. 복음은 다른 말로 치유, 즉 고치는 것입니다. 복음을 선포하신 예수님은 모든 것을 치유하시는 분입니다. 죄로 병든 나의 육신과 영혼을 치유한다는 의미입니다. 회복시켜서 다시 살게 한다는 뜻입니다. 예수님은 죽은 자도 살리시고, 약한 것도 강하고 온전하게 하십니다. 죄의 문제, 죽음의 문제를 해결해 새 생명을 주시는 것입니다. 우리는 예수님을 통해서만이 죄로부터, 또 죽음으로부터 치료받을 수 있습니다.

35 예수께서 모든 도시와 마을에 두루 다니사 그들의 회당에서 가르치시며 천국 복음을 전파하시며 모든 병과 모든 악한 것을 고치시니라 **마태복음** 9:35

2. 앞의 3대 사역을 자세히 살펴보면, 한 가지에 집중되어 있습니다. 예수님의 최대 관심 사였던 이것은 무엇입니까? 더불어 예수님이 이것을 귀히 여기신 이유는 무엇입니까?

> 예수님의 최대 관심사는 바로 영혼을 돌보는 일이었습니다. 목자 잃은 양들을 돌보는 사역이 무엇입니까? 바로, 목양 사역입니다. 이것은 주님이 이 땅에 오신 목적이고, 우리에게 맡겨 주신 사명이기도 합니다. 목양 사역의 출발은 영혼들을 추수하는 일입니다. 복음을 전하고 인도하는 것이고, 제자로 세워 가는 것입니다.
>
> 참고   요한복음 6:38~40

3. 성경은 "무리를 보시고 불쌍히 여기시니"(마 9:26)라고 말씀합니다. 예수님이 무리를 왜 '불쌍히' 여기셨습니까?

> 예수님은 세상을 긍휼의 눈으로 보신다는 뜻입니다. 목자 없는 양과 같이 고생하며 기진하여 있는 영혼들을 보며 불쌍히 여기신 것입니다. 목자 없는 양과 같은 처지가 우리의 문제입니다. 당시에 바리새인도 있고, 서기관도 있고, 정치 지도자와 종교 지도자들도 많이 있었지만, 예수님의 눈에는 모두가 다 방황하고 있었다는 사실입니다. 주님을 만나지 못하면 모두가 길을 잃어버리고 헤맬 수밖에 없고, 그 방황이 끝나지 않습니다. 우리는 주님의 긍휼로 말미암아 구원 받은 것입니다.
>
> 참고 1   에베소서 2:4~5
>
> 참고 2
>
> '불쌍히 여기다'는 헬라어로 '스플라크니조마이'입니다. 이 말은 누가복음의 선한 사마리아인의 비유에도 등장합니다(누가복음 10:33~37). 고통을 함께 나눈다는 의미입니다.
> 하나님이 우리를 긍휼히 여기시는 것처럼 우리도 영혼들에 대한 긍휼의 마음을 가져야 합니다. 주님이 이 세상을 보시는 눈과 같은 눈을 가져야 하는 것입니다. 주님의 눈물, 주님의 마음, 주님의 열정, 주님의 사랑을 가져야 한다는 의미입니다.

36 무리를 보시고 불쌍히 여기시니 이는 그들이 목자 없는 양과 같이 고생하며 기진함이라 **마 태복음 9:36**

4. "추수할 것은 많되 일꾼이 적으니"(마 9:37)라는 말씀이 의미하는 바는 무엇입니까?

추수할 것이 많다는 것은 구원의 소식을 기다리는 준비된 영혼들이 많다는 의미입니다. 반면에 일꾼이 적다는 것은 준비된 영혼들에게 복음을 전하는 자들이 적다는 뜻입니다. 하나님의 사명을 감당하는 일꾼들이 많지 않습니다. 추수할 양은 많은데 일꾼이 적습니다. 예수님 당시나 오늘날이 마찬가지입니다. 하나님은 사람을 찾으십니다. 우리가 하나님의 일꾼이 되어야 하는 이유입니다. 일꾼이 되는 것은 놀라운 축복입니다.

교회에 교인 수가 많다고 모두가 일하는 것이 아닙니다. 헌신된 하나님의 일꾼들이 부족한 일손에도 불구하고 하나님의 나라를 이루어 가는 것입니다. 하나님에게 헌신하는 소수가 교회를 움직이고 사회를 움직이고 세계를 움직여 가는 것입니다. 주님이 오늘 우리를 부르고 있습니다. 우리가 서 있는 자리에서 예수 그리스도의 증인이 되기를, 복음을 전하기를, 우리를 통해 영혼들이 추수되기 원하십니다.

37 이에 제자들에게 이르시되 추수할 것은 많되 일꾼이 적으니 **마태복음** 9:37

5. 추수할 일꾼을 걱정하신 예수님은 열두 제자를 부르셨습니다. 그리고 그들에게 어떤 권능을 주셨습니까?(마 10:1)

> 주님은 열두 명의 제자를 부르셔서 세상을 맡기시면서 권능을 주셨습니다. 권능은 세상의 힘이 아니라 영적인 능력입니다. 귀신을 쫓아내고 모든 병과 모든 약한 것을 고치는 능력을 주신 것입니다. 예수 그리스도의 이름 안에 귀신을 제압하고 쫓는 능력이 있습니다. 주님의 보혈의 능력은 죄를 이기는 능력이기 때문입니다. 육신의 병과 영혼의 병을 고치는 치유의 능력도 주셨습니다. 기도하고 순종하고 도전하십시오. 하나님의 역사가 그렇게 나타나게 됩니다.
>
> 참고
>
> 권능은 헬라어로 '엑수시아'입니다. 마태복음 28장에도 나옵니다. 하늘과 땅에 있는 모든 권세가 예수님에게 있다고 말씀하십니다. 이미 우리에게 능력을 주셨습니다. 그러므로 담대히 가서 천국 복음을 전하라는 것입니다.

1 예수께서 그의 열두 제자를 부르사 더러운 귀신을 쫓아내며 모든 병과 모든 약한 것을 고치는 권능을 주시니라 **마태복음** 10:1

6. 예수님이 부르신 열두 제자의 이름을 모두 적어 보십시오(마 10:2~4).

> 예수님은 열두 제자를 부르셨습니다. 그리고 나를 부르셨다는 사실을 기억해야 합니다. 우리에게 가서 제자를 삼으라고 말씀하십니다. 누구나 교회에 등록하면 교인이 될 수 있습니다. 그러나 우리는 예수 그리스도로 말미암아 거룩한 자인 성도가 되어야 합니다. 참된 제자의 길로 나아가 또 다른 제자를 낳아야 합니다. 누군가를 통해 복음을 들었으니 이제는 복음을 나누어야 합니다.
>
> 참고 요한복음 15:16, 요한복음 20:21

2 열두 사도의 이름은 이러하니 베드로라 하는 시몬을 비롯하여 그의 형제 안드레와 세베대의 아들 야고보와 그의 형제 요한, 3 빌립과 바돌로매, 도마와 세리 마태, 알패오의 아들 야고보와 다대오, 4 가나안인 시몬 및 가룟 유다 곧 예수를 판 자라 **마태복음** 10:2~4

1. 예수님은 지금도 추수할 일꾼을 부르고 계십니다. 이제 우리는 주님의 마음으로 잃어버린 영혼들을 보아야 합니다. 이것이 진정 제자의 길이요, 성도의 삶인 것입니다. 주변의 잃어버린 영혼들이 있습니까? 초신자는 물론 교회를 쉬고 있는 기신자도 참 많이 있을 것입니다. 당신이 아는 영혼들의 이름을 모두 적어 보십시오.

2. 이름을 적은 사람들의 상황을 상세히 적고, 그들에게 맞춤식 전도를 계획해 보십시오. 때로는 은밀히 혼자 전도할 수 있지만, 때로는 여러 사람의 도움이 필요할지 모릅니다. 이 시간 서로 나누고 중보하며 협력하여 좋은 열매를 맺을 수 있도록 실천해 보십시오.

1. 당신이 담대히 나아가 복음을 전하고자 하면 주님은 그에 합당한 권능을 주십니다. 복음을 전하기 전, 당신에게 준비되어야 할 것은 무엇이고 부족한 부분은 무엇인지 살펴보십시오. 그리고 서로를 위해 전도의 합당한 권능을 달라고 함께 중보하는 시간을 가져 보십시오.

2. 한 주간 동안 삶의 현장에서 복음을 전했을 때, 성공과 실패를 떠나서 어떤 결과를 얻었는지 적어 보십시오.

가정	
교회	
세상	

CHAPTER
3

한 영혼

누가복음 15장 1~7절

1 모든 세리와 죄인들이 말씀을 들으러 가까이 나아오니

2 바리새인과 서기관들이 수군거려 이르되 이 사람이 죄인을 영접하고 음식을 같이 먹는다 하더라

3 예수께서 그들에게 이 비유로 이르시되

4 너희 중에 어떤 사람이 양 백 마리가 있는데 그 중의 하나를 잃으면 아흔아홉 마리를 들에 두고 그 잃은 것을 찾아내기까지 찾아다니지 아니하겠느냐

5 또 찾아낸즉 즐거워 어깨에 메고

6 집에 와서 그 벗과 이웃을 불러 모으고 말하되 나와 함께 즐기자 나의 잃은 양을 찾아내었노라 하리라

7 내가 너희에게 이르노니 이와 같이 죄인 한 사람이 회개하면 하늘에서는 회개할 것 없는 의인 아흔아홉으로 말미암아 기뻐하는 것보다 더하리라

마가복음 16장 15절

15 또 이르시되 너희는 온 천하에 다니며 만민에게 복음을 전파하라

로마서 10장 14~15절

14 그런즉 그들이 믿지 아니하는 이를 어찌 부르리요 듣지도 못한 이를 어찌 믿으리요 전파하는 자가 없이 어찌 들으리요

15 보내심을 받지 아니하였으면 어찌 전파하리요 기록된 바 아름답도다 좋은 소식을 전하는 자들의 발이여 함과 같으니라

핵심 주제

한 영혼에 대한 의미를 알고, 주님을 본받아 한 영혼을 귀하게 여긴다.

예수님은 3년간 공생애 중에 부자나 신분이 높은 사람들, 종교 지도자들과 어울리지 않았습니다. 예수님이 찾아가 만난 사람들은 가난한 자들이었습니다. 당시 죄인이라 하여 천대받는 그런 사람들이었습니다. 예수님은 그들에게 복음을 전하셨고, 그들이 회개했을 때에는 기뻐하셨습니다. 그런데 이 은혜의 광경을 못마땅하게 보는 자들도 있었습니다. 그들은 바로 당시에 경건하다고 여겨졌던 종교 지도자들이었습니다.

오늘 함께 나눌 말씀은 바로 이들을 향하여 자신이 온 목적을 확실히 밝히신 예수님의 비유입니다. 진정 예수님이 사람의 몸을 입고 이 땅에 오신 이유를 알아야 하겠습니다. 한 영혼의 귀중함을 알고, 그 영혼을 위해 예수님처럼 힘써 구원하는 영혼 구원의 사역에 매진하는 참된 제자들이 되길 소망합니다.

1. 가장 아끼던 물건을 잃어버린 경험이 있습니까? 어떤 물건이었고, 잃었을 때의 기분이 어떠했는지 말해 보십시오.

2. 당신이 가장 소중히 여기는 한 사람이 있습니까? 누구이며, 소중히 여기는 이유는 무엇인지 함께 말해 보십시오.

1. 본문에서 바리새인과 서기관들이 예수님을 향해서 수군거린 이유는 무엇입니까?(눅 15:1~2)

바리새인과 서기관들은 예수님이 못마땅한 것입니다. 세리와 죄인들은 그 당시에 인격적인 대우를 받지 못하던 사람들로, 예수님이 같이 있으면 안 되는 그들과 같이 어울린다고 여겼습니다. 그들과는 같이 밥을 먹어도 안 되고 같이 한 자리에 있어도 안 된다고 생각했기 때문에 그런 예수님을 원망하고 질책하는 것입니다. 바리새인들과 서기관들의 문제는 잃어버린 영혼들에 대한 열정이 없다는 사실입니다. 하나님의 말씀을 연구하는 열심과 율법의 조항들을 지키는 열의는 있었지만, 한 영혼을 향한 주님의 마음이 없었습니다.

참고 1

수군거렸다고 나오는데, 이것의 헬라어 원어는 '디아고구조'로 불평하고 원망하고 투덜거리는 것을 의미합니다.

참고 2

바리새인이라는 말 자체에 '분리되었다'는 의미가 담겨 있습니다. 그 뜻대로 특정 부류의 사람들에 대해 선을 긋고 분리시키는 경향이 있습니다. 세리나 죄인과는 관계하지도 상대하지도 말라고 구체적인 교육까지 받았습니다. 도움을 주고받지도 말고, 결혼은 물론이고 동업도 하지 말며, 무엇을 하든지 사람으로 취급하지 않도록 배웁니다. 자신들이 그렇게 여기는 사람들을 예수님이 상대하는 모습에 어떻게 저런 사람들과 어울릴 수 있냐고 한껏 비판하는 것입니다.

참고 3

세리이던 삭개오는 예수님이 자신의 집에 오시리라는 것을 미처 생각하지 못했을 것입니다. 혈세를 거두어들이는 세리와는 누구도 가까이 지내고 싶어 하지 않았기 때문입니다. 예수님이 지나가신다는 소식에 뽕나무 위에 올라가서 예수님의 얼굴이나 한 번 보고자 했을 뿐입니다. 서기관들과 바리새인들은 예수님이 삭개오의 집에 들어가시는 것을 보고 저가 죄인의 집에 들어갔다고 수군거렸습니다. 그러나 예수님은 아랑곳하지 않으시며 '오늘 구원이 이 집에 이르렀다'고 말씀하셨습니다(누가복음 19:1~10).

1 모든 세리와 죄인들이 말씀을 들으러 가까이 나아오니 2 바리새인과 서기관들이 수군거려 이르되 이 사람이 죄인을 영접하고 음식을 같이 먹는다 하더라 **누가복음 15:1~2**

2. <누가복음> 15장에는 본문의 비유를 포함해서 총 3가지 비유가 나옵니다. 각 비유를 읽고, 당신의 말로 정리해 보십시오.

1~7절	잃은 양을 찾은 목자 비유
8~10절	잃은 드라크마를 찾은 여인 비유
11~32절	잃은 아들을 되찾은 아버지 비유

3. 예수님의 3가지 비유에 등장하는 목자와 잃은 양, 여인과 잃은 드라크마, 아버지와 잃은 아들은 각각 누구를 상징합니까?

목자와 잃은 양	
여인과 잃은 드라크마	목자, 여인, 아버지 = 하나님 아버지 잃은 양, 잃은 드라크마, 잃은 아들 = 나, 우리, 한 영혼
아버지와 잃은 아들	

길을 잃은 양이라는 것은 아직도 하나님에게로 돌아오지 않은 사람을 가리킵니다. 잃은 드라크마나 잃은 아들도 마찬가지입니다. 예수님은 이미 구원의 길을 여셨습니다. 그리고 잃어버린 자들을 사랑하시기에 찾아 나서시고 찾아 구원하시는 것입니다.

이사야 53:6 _ "우리는 다 양 같아서 그릇 행하여 각기 제 길로 갔거늘 여호와께서는 우리 모두의 죄악을 그에게 담당시키셨도다"

4. 예수님의 3가지 비유의 공통된 주제는 무엇입니까?

3절 말씀의 비유에서 단수형을 쓰고 있는데, 이것은 내용상의 비유는 3가지이지만 본질적인 의미로는 하나의 비유라는 뜻입니다. 공통된 하나의 메시지, '무엇인가를 잃어버렸다가 다시 찾은 기쁨'을 전하고 있습니다. 무엇을 잃었다가 다시 찾았습니까? 바로, 한 영혼입니다.

또 다른 공통점이 있다면 그 잃어버린 것이 자신의 소유였다는 점입니다. 동네 어떤 사람의 양을 잃어버린 것이 아니라 자신의 양을 잃어버린 것이고, 여인 자신의 동전을 잃어버린 것입니다. 세 번째 비유도 남의 집 방탕한 젊은이에 관한 이야기가 아니라, 바로 그 아버지의 아들을 잃어버린 이야기입니다.

4절에 양 백 마리가 있다고 표현하고 있습니다. '있다'는 표현은 헬라어로 '엑소', 즉 '가지다, 소유하다'라는 의미입니다. 본문에 나오는 어떤 사람은 목자이기 이전에 잃어버린 한 마리 양의 주인임을 짐작해 볼 수 있습니다. 잃은 양을 찾을 때까지 포기하지 않는 모습에서 이 사실을 더욱 확신하게 됩니다. 그가 찾아 나섰던 것은 어느 누구의 잃은 양 한 마리가 아니라 자기 소유의 잃은 양 한 마리입니다. 마찬가지로 드라크마도 여인 자신의 소유였고, 잃은 둘째 아들도 자신의 아들이었습니다.

3가지의 비유들에 대한 차이점은 두 가지로 나누어 볼 수 있습니다. 첫 번째와 두 번째 비유는 잃은 영혼을 친히 찾아가시는 하나님의 모습을 그리고 있다면, 마지막 세 번째는 잃은 영혼을 애타게 기다리시는 하나님 아버지의 마음을 표현한다고 할 수 있습니다. 하나님은 아담과 하와가 범죄하고 하나님의 품을 떠났을 때부터 그들이 돌아오기를 기다리셨고 찾아 나서셨습니다. '아담아, 네가 어디 있느냐?', 그때부터 하나님은 지금까지 기다리시고 또 찾으시고 있습니다. 여기에 하나님의 사랑이 나타나 있습니다.

5. 예수님의 비유에서 잃어버린 것들을 찾았을 때, 하늘에서는 잔치가 열렸습니다. 예수님은 이토록 한 영혼을 귀히 여기는데, 당신은 어떠합니까? 한 영혼을 위해 고군분투했던 경험을 함께 나눠 보십시오.

6. 예수님의 비유를 통해 혹여나 마음의 찔림은 없습니까? 맏아들과 같이 행동했던 경험은 없는지 당신의 삶을 돌아보십시오.

> 중심 말씀에서 등장하는 목자에게 기쁨의 원천이 있습니다. 잃었다가 다시 찾은 양입니다. 마음이 잃은 양에 대한 생각으로 가득차서 모든 수단을 동원해서 수색하고, 양을 찾은 후에는 기뻐하면서 어깨에 메고 집으로 돌아옵니다. 양 스스로의 힘으로 돌아올 수 없기에 메고 오는 것입니다. 고집불통인 죄인들이 죄와 방황의 길에 나갔다가 자신의 힘으로 돌아올 수 없기에 목자의 힘에 의지해서 돌아오는 것을 상징합니다.
>
> 잔치를 여는 데는 양 몇 마리의 값이 들어가지만, 잔치 비용보다 잃어버린 양을 되찾은 기쁨과 즐거움이 커서 그 마음을 벗과 이웃들과 함께 나누는 것입니다. 물질보다 한 마리의 양이 주인에게는 훨씬 더 소중하기 때문입니다.
>
> 우리 모두 하나님 아버지의 기쁨의 잔치에 동참해야 합니다. 하나님은 잃어버린 영혼들을 찾아오는 전도를 기뻐하십니다. 우리가 생명의 소식, 기쁨의 소식, 구원의 소식을 전하기 원하시는 것입니다. 복음을 전해서 한 생명을 구원하는 전도는 놀라운 기쁨이고, 전도 받아 구원 받는 사람도 형언할 수 없는 기쁨을 누립니다. 무엇보다 전도는 하나님이 가장 기뻐하시고 원하시는 일입니다.

1. 당신은 교회 내에서 실족했던 경험이 있습니까? 또는 당신으로 인해 실족한 사람이 있습니까? 무엇 때문이었는지 말해 보십시오.

2. 훈련생들이 제자훈련 이후에 가장 조심해야 할 것은 회귀본능(回歸本能)입니다. 날마다 기도와 말씀으로 자신을 쳐서 복종하지 않으면, 우리의 죄성은 순식간에 우리를 점령해 버립니다. 그래서 많은 사람이 예수님 당시 종교 지도자들과 같이 전락해버리는 것입니다. 당신은 이런 것들을 미연에 방지하기 위해 어떤 노력을 하겠습니까? 구체적인 계획을 세워 보십시오.

1. 잃어버린 것들에 있어서 공통점은 모두 주인을 떠났다는 것입니다. 한 마리의 양은 목자를 떠났고, 드라크마는 주인의 손길을 떠났으며, 둘째 아들도 아버지를 떠났습니다. 마찬가지입니다. 우리도 예수님을 잃어버리면, 예수님을 믿지 않으면 잃어버린 자인 것입니다. 여전히 마음에 꺼림칙한 것이 있다면, 이 시간에 회개하십시오. 작은 것 하나까지도 버리십시오. 그리고 온전히 주님께 맡긴 영혼이 되길 소망합니다.

2. 예수님이 이 땅에 오신 이유는 잃어버린 자를 찾기 위함입니다. 잃어버린 영혼을 찾는 데 앞장서는 한 주간이 되길 바랍니다. 교회 출석을 쉬는 가족이나 친지, 교회 가운데 당신으로 인해 실족했던 자 또는 장기 결석자, 상처받아 교회에 다니지 않는 세상 동료들을 찾아서 복음을 전해 보십시오.

가정	
교회	
세상	

CHAPTER
4

거룩한 산 제물

로마서 12장 1~8절

1 그러므로 형제들아 내가 하나님의 모든 자비하심으로 너희를 권하노니 너희 몸을 하나님이 기뻐하시는 거룩한 산 제물로 드리라 이는 너희가 드릴 영적 예배니라

2 너희는 이 세대를 본받지 말고 오직 마음을 새롭게 함으로 변화를 받아 하나님의 선하시고 기뻐하시고 온전하신 뜻이 무엇인지 분별하도록 하라

3 내게 주신 은혜로 말미암아 너희 각 사람에게 말하노니 마땅히 생각할 그 이상의 생각을 품지 말고 오직 하나님께서 각 사람에게 나누어 주신 믿음의 분량대로 지혜롭게 생각하라

4 우리가 한 몸에 많은 지체를 가졌으나 모든 지체가 같은 기능을 가진 것이 아니니

5 이와 같이 우리 많은 사람이 그리스도 안에서 한 몸이 되어 서로 지체가 되었느니라

6 우리에게 주신 은혜대로 받은 은사가 각각 다르니 혹 예언이면 믿음의 분수대로,

7 혹 섬기는 일이면 섬기는 일로, 혹 가르치는 자면 가르치는 일로,

8 혹 위로하는 자면 위로하는 일로, 구제하는 자는 성실함으로, 다스리는 자는 부지런함으로 긍휼을 베푸는 자는 즐거움으로 할 것이니라

로마서 12장 1~2절

1 그러므로 형제들아 내가 하나님의 모든 자비하심으로 너희를 권하노니 너희 몸을
하나님이 기뻐하시는 거룩한 산 제물로 드리라 이는 너희가 드릴 영적 예배니라

2 너희는 이 세대를 본받지 말고 오직 마음을 새롭게 함으로 변화를 받아 하나님의
선하시고 기뻐하시고 온전하신 뜻이 무엇인지 분별하도록 하라

로마서 14장 8절

8 우리가 살아도 주를 위하여 살고 죽어도 주를 위하여 죽나니 그러므로 사나 죽으나
우리가 주의 것이로다

믿음을 고백하는 데에서 더 나아가 믿음의 대상을 바로 안다.

제자훈련을 받는 우리에게 있어서 가장 중요한 것 중의 하나가 바로 믿음입니다. 믿음 없이는 하나님을 기쁘시게 하지 못한다고 성경은 우리에게 말씀합니다. 그러나 믿음만큼이나 중요한 것이 있습니다. 믿음의 내용을 바로 아는 것입니다. 우리는 훈련의 첫 시작을 신앙고백으로 출발했습니다.

말씀에 대한 지식, 하나님에 대한 지식이 바로 서 있을 때 비로소 우리는 바른 신앙 가운데 나아갈 수 있습니다. 부디 막연한 믿음에서 나아가 바른 지식의 믿음으로 도약할 수 있길 바랍니다. 그래서 훈련이 끝나는 날, 더 나아가 교회에서 다양한 사역을 감당할 때 흔들리지 않는 믿음으로 온전히 섬기는 자의 모습으로 성장하길 소망합니다.

1. 당신은 교회 내 다른 사람이 가진 은사를 부러워해 본 경험이 있습니까? 어떤 은사이고, 왜 부러웠는지 말해 보십시오.

2. 파레토 법칙을 알고 있습니까? 전체 결과의 80%가 전체 원인의 20%에서 일어나는 현상을 가리키는 말입니다. 예를 들어, 교회 안에서 헌신한 20% 성도들이 교회 전체의 영성을 책임질 수 있다는 말입니다. 그렇다면 여러분의 교회에 이러한 현상이 있습니까? 설명해 보십시오.

1. 우리가 구원받은 것은 하나님의 자비하심으로 된 것입니다. 성경은 하나님의 자비를 경험한 자들에게 그들의 몸을 어떻게 하라고 말씀합니까? 더불어 몸뿐만 아니라 무엇도 새롭게 해야 한다고 말씀합니까?(롬 12:1~2)

제물이 없는 제사는 없습니다. 그리스도인의 삶은 한마디로 자기 몸을 하나님이 기뻐하시는 거룩한 산 제물로 드리는 것입니다. 우리의 몸을 하나님에게 드려 몸으로 섬겨야 한다는 뜻입니다. 몸이 움직이지 않으면 현실성이 떨어지고, 관념적, 이상적, 추상적이 되기 쉽습니다. 동시에 우리의 마음도 드려야 합니다. 마음이 변화되어야 몸도 따라 움직이게 됩니다. 결과적으로, 몸과 마음이 전부 하나님의 기쁨이 되어야 할 것입니다.

참고 1

자비는 헬라어로 '오이크티르모스'이며 하나님의 긍휼을 말합니다. 전적으로 용서해 주신 하나님의 긍휼, 사랑, 자비를 말씀하고 있습니다. 어떠한 자비를 말하고 있습니까? 죄로 인해 죽을 수밖에 없는 인간을 구원하신 하나님의 자비입니다. 율법과 행위로는 절대로 구원 받을 수 없는 인간을, 오직 예수 그리스도를 믿는 믿음으로 구원을 얻게 하시는 하나님의 자비입니다.

참고 2

제물은 원래 죽여서 드리는 것으로, 죽지 않은 것은 제물이 될 수 없습니다. 그런 점에서 '산 제물'은 서로 반대되는 두 개념이 합쳐진 모순적인 의미의 표현입니다. 산 제물로 드리라는 것은 우리 몸이 살아있지만, 마치 죽어서 하나님께 바쳐지는 짐승처럼 온전히 하나님에게 드려져야 한다는 뜻입니다. 구약시대에는 죽은 제물을 바쳐 특정한 장소에서 제사를 드렸지만, 오늘날에는 우리 자신의 삶 속에서 하나님에게 예배하라는 것입니다. 주일뿐만이 아니라 우리의 삶 전체가 예배로 드려져야 합니다.

참고 3

하나님의 선하시고 기뻐하시며 온전하신 뜻이 무엇인지 분별해야 합니다. 그것은 성경 말씀대로 사는 것입니다. 하나님의 뜻은 이미 밝혀져 있고, 우리가 이미 수없이 들었으며, 그래서 우리가 이미 알고 있습니다. 하나님의 말씀은 이미 우리에게 다 주어져 있습니다. 때문에 헤매면서 찾을 이유가 없습니다. 하나님의 성경 말씀을 가까이해야 하는 이유입니다.

1 그러므로 형제들아 내가 하나님의 모든 자비하심으로 너희를 권하노니 너희 몸을 하나님이 기뻐하시는 거룩한 산 제물로 드리라 이는 너희가 드릴 영적 예배니라 2 너희는 이 세대를 본받지 말고 오직 마음을 새롭게 함으로 변화를 받아 하나님의 선하시고 기뻐하시고 온전하신 뜻이 무엇인지 분별하도록 하라 **로마서 12:1~2**

2. 교회 공동체의 각 사람이 자신의 능력을 발휘할 때 품어야 할 생각과 품지 말아야 할 생각은 각각 무엇입니까?(롬 12:3)

품어야 할 생각	하나님이 나에게 주신 믿음의 분량대로 은사를 따라 하나님의 뜻을 품어야 합니다. 하나님의 선하시고 기뻐하시고 온전하신 뜻을 이루기를 힘써야 합니다. 주님의 이 뜻은 각자에게 주신 은사들을 가지고 함께 협력할 때 이루어짐을 기억하고 실천해야 합니다.
품지 말아야 할 생각	자기 자신을 과대평가 혹은 과소평가하지 말아야 할 것입니다. 믿는 각자에게 하나님이 주신 은사의 다양함을 인정하라는 말과 같은 맥락입니다. 나에게 주신 은사가 따로 있는데, 갖고 있지도 않은 은사를 발휘하려고 과욕을 부리지 말아야 합니다. 나와 다른 이들의 은사를 존중하고 함께 협력해야 할 것입니다. 받은 은사를 가볍게 여기거나 땅에 묻어두는 어리석은 자가 되지 말아야 합니다. 자신에게 주신 은사를 최대한 활용하여 주님의 영광을 위해 서로 협력해야 할 것입니다.

3 내게 주신 은혜로 말미암아 너희 각 사람에게 말하노니 마땅히 생각할 그 이상의 생각을 품지 말고 오직 하나님께서 각 사람에게 나누어 주신 믿음의 분량대로 지혜롭게 생각하라
로마서 12:3

3. 성경은 우선적으로 교회 공동체 안에서 어떻게 생활할 것인지에 대해 말씀합니다. 여기서 교회 공동체를 어디에 비유합니까? 그 이유는 무엇입니까?(롬 12:4~5)

> 그리스도의 몸으로 비유하고 있습니다. 개인만을 말하는 것이 아니라 공동체까지 아울러 말하는 것입니다. 예수님을 믿을 때 우리 각자는 그리스도의 몸을 이루게 됩니다. 세상의 조직에서 말하는 회원과는 다른 개념입니다. 회원은 원할 때 탈퇴할 수 있지만, 그리스도를 믿는다는 것은 탈퇴가 불가능합니다. 몸의 일부로 있기에 분리될 수 없습니다. 조직이 아니라 유기체인 것입니다. 시스템에 의해 움직이는 것이 아니라 생명에 의해 움직이는 것입니다.
>
> 우리 모두가 생명을 얻고 그리스도의 몸이 된 것은 예수 그리스도의 보혈로 말미암은 것으로, 우리 그리스도인 각자는 서로 뗄레야 뗄 수 없는 하나 된 지체들입니다. 하나 됨과 동시에 각자에게 주신 역할과 은사는 따로 있습니다. 각 지체로서 그리스도의 몸을 이루고 있다는 말은 성도 각자의 자리에 맞는 은사의 다양성이 있음을 의미한다고도 할 수 있습니다. 다양성 속에서 생명의 조화를 이루어 가고 있는 것입니다.

4 우리가 한 몸에 많은 지체를 가졌으나 모든 지체가 같은 기능을 가진 것이 아니니 5 이와 같이 우리 많은 사람이 그리스도 안에서 한 몸이 되어 서로 지체가 되었느니라 **로마서** 12:4~5

4. 하나님이 교회 공동체의 지체들에게 무엇을 주셨습니까?(롬 12:6)

6 우리에게 주신 은혜대로 받은 은사가 각각 다르니 혹 예언이면 믿음의 분수대로 **로마서** 12:6

5. 성경은 은사를 어떻게 활용하라고 말씀합니까? 성경을 읽고, 각각의 은사를 당신의 말로 정리해 보십시오(롬 12:6~8).

6 우리에게 주신 은혜대로 받은 은사가 각각 다르니 혹 예언이면 믿음의 분수대로, 7 혹 섬기는 일이면 섬기는 일로, 혹 가르치는 자면 가르치는 일로, 8 혹 위로하는 자면 위로하는 일로, 구제하는 자는 성실함으로, 다스리는 자는 부지런함으로, 긍휼을 베푸는 자는 즐거움으로 할 것이니라 **로마서** 12:6~8

6. 성경에서 제시된 은사 중 당신에게 있는 은사는 무엇입니까? 그렇게 생각하는 이유는 무엇입니까?

1. 당신은 교회 공동체를 위해 당신의 은사를 어떻게 활용하고 있습니까? 구체적으로 말해 보십시오.

2. 교회 공동체 안에서 서로의 다름을 인정하지 못하고 우월감 또는 열등감을 갖게 되는 것은 비교 의식 때문입니다. 혹시 당신에게도 이런 비교 의식이 있습니까? 이것은 당신과 교회 공동체에 어떤 피해를 줍니까? 예를 들어 설명해 보십시오.

1. 본문을 통해 우리는 ① 이 세대를 본받지 말고 ② 선하시고 기뻐하시고 온전하신 하나님의 뜻이 무엇인지 분별하고 따르라는 것을 배웠습니다. 그리스도인들을 유혹하는 이 세대의 사고방식은 무엇입니까? 더불어 당신을 향한 하나님의 뜻은 무엇입니까?

그리스도인들을 유혹하는 이 세대의 사고방식	참고 요한일서 2:15~17 디모데후서 3:1~5 로마서 1:21~32 갈라디아서 5:16~24 요한복음 6:38~40 데살로니가전서 5:15~22
나를 향한 하나님의 뜻	

2. 당신의 은사는 교회 공동체를 위해서도 중요하지만, 가정과 세상에서도 필요할 수 있습니다. 당신의 은사를 어떻게 적용할지 계획한 후, 일주일 동안 실천해 보십시오. 그리고 결과를 다음 시간에 나눠 보십시오.

가정	
교회	
세상	

6

제자도 II (가정)

CHAPTER 1

사랑으로 하나 되는 가정

중심 말씀

에베소서 5장 22~33절

22 아내들이여 자기 남편에게 복종하기를 주께 하듯 하라

23 이는 남편이 아내의 머리 됨이 그리스도께서 교회의 머리 됨과 같음이니 그가 바로 몸의 구주시니라

24 그러므로 교회가 그리스도에게 하듯 아내들도 범사에 자기 남편에게 복종할지니라

25 남편들아 아내 사랑하기를 그리스도께서 교회를 사랑하시고 그 교회를 위하여 자신을 주심 같이 하라

26 이는 곧 물로 씻어 말씀으로 깨끗하게 하사 거룩하게 하시고

27 자기 앞에 영광스러운 교회로 세우사 티나 주름 잡힌 것이나 이런 것들이 없이 거룩하고 흠이 없게 하려 하심이라

28 이와 같이 남편들도 자기 아내 사랑하기를 자기 자신과 같이 할지니 자기 아내를 사랑하는 자는 자기를 사랑하는 것이라

29 누구든지 언제나 자기 육체를 미워하지 않고 오직 양육하여 보호하기를 그리스도께서 교회에게 함과 같이 하나니

30 우리는 그 몸의 지체임이라

31 그러므로 사람이 부모를 떠나 그의 아내와 합하여 그 둘이 한 육체가 될지니

32 이 비밀이 크도다 나는 그리스도와 교회에 대하여 말하노라

33 그러나 너희도 각각 자기의 아내 사랑하기를 자신 같이 하고 아내도 자기 남편을 존경하라

시편 127편 1절

1 여호와께서 집을 세우지 아니하시면 세우는 자의 수고가 헛되며 여호와께서 성을
지키지 아니하시면 파수꾼의 깨어 있음이 헛되도다

고린도전서 13장 13절

13 그런즉 믿음, 소망, 사랑, 이 세 가지는 항상 있을 것인데 그 중의 제일은 사랑이라

핵심 주제

삶의 가장 기초가 되는 가정에서부터 하나님의 사랑을 실현한다.

예수님은 하나님께 온전히 순종하심으로 우리를 위해 고난을 받으시고, 이것이 본이 되어 우리도 그의 발자취를 따라 말씀에 순종하게 하셨습니다. 예수님이 하나님께 순종하신 것처럼 아내도 남편에게 순종하고 남편 역시 아내를 아껴 주어야 합니다. 뿐만 아니라 자녀도 부모에게 순종하고 부모 역시 자녀를 사랑해야 합니다.

그런데 문제는 이것을 잘 알지만 실천하지 않는 데 있습니다. 믿음은 반드시 행동으로 나타나야 합니다. 입으로 '주여 주여' 하는 믿음이 아무런 소용이 없듯, 믿지 않는 가족들 앞에서 우리는 그리스도의 빛과 향기를 뿜을 수 있어야 합니다. 이 시간 우리 가정, 과연 사랑으로 하나 되는 가정인지를 점검하고 행동으로 신앙의 빛을 비출 수 있길 바랍니다.

1. 당신에게 있어서 가정이란 무엇입니까? 가정에 대한 당신의 가치관을 말해 보십시오.

2. 당신 가정의 가훈과 그 의미를 나눠 보십시오.

1. 본문의 말씀을 반복해서 읽으며 깊이 묵상해 보십시오. 혹시 그중 당신의 마음에 가장 와 닿는 말씀이나 찔리는 말씀이 있습니까? 그 말씀과 이유를 적고 함께 나눠 보십시오.

2. 성경은 아내가 남편에게 어떻게 해야 한다고 말씀합니까? 그리고 그 이유는 무엇입니까?(엡 5:22~23)

> 아내는 주님에게 하듯이 남편에게 복종해야 합니다. 왜냐하면 예수 그리스도가 교회의 머리 되심과 같이 남편은 아내의 머리가 되기 때문입니다. 남편 또한 아내를 사랑하되 죽기까지 사랑해야 합니다. 예수님이 교회를 위해 자신을 내어 주신 것처럼 사랑해야 한다는 뜻입니다. 이렇게 부부는 서로를 바라보고 서로에게 관심을 가지며 사랑해야 합니다. 동시에 같은 방향을 바라보아야 합니다. 같은 분을 바라보아야 합니다. 오직 한 분 예수 그리스도로, 그분이 가정의 중심이 되어야 합니다. 나의 중심으로 가정을 생각하면 흔들릴 수밖에 없습니다.

22 아내들이여 자기 남편에게 복종하기를 주께 하듯 하라 23 이는 남편이 아내의 머리 됨이 그리스도께서 교회의 머리 됨과 같음이니 그가 바로 몸의 구주시니 **에베소서 5:22~23**

3. 성경은 아내에 이어 남편에게도 말씀합니다. 남편은 아내를 어떻게 사랑해야 합니까?(엡 5:25, 28)

> **참고**
>
> 33절에서 남편은 아내 사랑하기를 자기를 사랑하듯이 해야 하고, 아내는 남편을 존경하라고 말씀하고 계십니다. 다시 말한다면, 아내는 사랑을 먹고 살고 남편은 존경을 먹고 사는 것입니다. 사랑과 존경이 중요합니다. 남편에게 사랑을 느끼지 못하는 아내는 가정생활을 비참하게 느끼곤 합니다. 아내 입장에서는 남편을 존경해야 합니다. 아내의 인정을 받지 못하는 남편은 밖에 나가서 아무리 칭찬을 들어도 늘 불안하고 자신감이 없습니다. 아내에게 존경과 인정을 받는 남자는 어디에 가도 자신감이 있을 것입니다.

25 남편들아 아내 사랑하기를 그리스도께서 교회를 사랑하시고 그 교회를 위하여 자신을 주심 같이 하라 28 이와 같이 남편들도 자기 아내 사랑하기를 자기 자신과 같이 할지니 자기 아내를 사랑하는 자는 자기를 사랑하는 것이라 **에베소서 5:25, 28**

4. "자기 아내를 사랑하는 자는 자기를 사랑하는 것이라"(엡 5:28)는 말씀의 의미는 무엇입니까? 이에 당신은 동의합니까?

> 육체의 연합
> 마음의 연합
> 영적인 연합
>
> **참고**
>
> '종은 울릴 때까지 종이 아니고 노래는 부를 때까지는 노래가 아니다'라는 말이 있듯이 사랑은 표현될 때까지는 사랑이 아님을 깨달아야 합니다. 중요한 것은 실천하는 것입니다. 예수님이 자신의 사랑을 실천하신 것처럼 행동으로 옮기기를 바랍니다. 제자들의 발을 씻기신 주님처럼, 겟세마네 동산에서 기도하시던 주님처럼, 십자가를 지신 주님처럼, 부활 이후에 그 영광의 기쁨을 가지고 제자들에게 찾아가신 주님처럼, 실패자처럼 힘들어하고 있는 제자들에게 찾아가셔서 위로하시고 사랑을 회복시켜 주신 주님처럼, 사랑을 표현하고 실천해야 합니다.

5. "그러므로 교회가 그리스도에게 하듯 아내들도 범사에 자기 남편에게 복종할지니라"(엡 5:24)는 말씀과 "남편들아 아내 사랑하기를 그리스도께서 교회를 사랑하시고 그 교회를 위하여 자신을 주심 같이 하라"(엡 5:25)는 말씀을 비교해 보십시오. 성경이 말씀하는 참 의미는 무엇이며, 당신은 이 말씀을 통해 무엇을 깨달았습니까?

교회 vs. 그리스도

그리스도인의 신앙의 중심에는 십자가가 있습니다. 십자가는 내가 죽는 것입니다. 배우자를 살리려면 내가 죽어야 합니다. 바라는 관계에서 돕는 관계로 나아가야 합니다.

참고 1

사랑을 표현하고 실천하기 전, 먼저 배우자에 대해 잘 알아야 합니다(베드로전서 3:7). 남편이 아내에게, 아내가 남편에게 사랑을 전하는 데 실패하는 원인은 각자에게 맞는 사랑을 전하는 방법에 대해 무지하기 때문일 수 있습니다. 서로에게 적절한 '사랑의 언어'에 대해 이해할 필요가 있습니다.

참고 2

게리 채프먼의 「다섯 가지 사랑의 언어」
인정하는 말, 함께하는 시간, 선물, 봉사, 스킨십

6. 본문을 공부하면서 당신은 무엇을 느꼈습니까? 당신은 남편 또는 아내에게 말씀과 같이 행하고 있습니까? 만약 그렇지 못하다면, 문제는 무엇이라 생각합니까?

통계청이 발표한 '2014년 혼인 및 이혼 통계'에 따르면, 혼인 건수는 30만5천5백 건에 달합니다. 2013년 대비 1만7천3백 건으로 5.4%p 감소한 수치입니다. 2004년 이후로는 역대 최저입니다. 반면, 이혼은 11만5천5백 건으로 전년 대비 0.2%인 2백 건이 증가했습니다. 평균 이혼 연령은 남자 46.5세, 여자 42.8세로 전년보다 각각 0.3세, 0.4세 올랐고, 10년 전과 비교하면 각각 4.9세, 4.7세가 상승한 수치입니다. 이혼 부부 중 혼인한 지 20년 이상 된 부부가 28.7%로 가장 높은 비중을 차지했습니다. 2011년까지는 혼인 후 기간이 4년 이하인 부부의 이혼 비중이 가장 높았지만, 2012년부터 20년 이상 된 부부의 비중이 가장 커졌습니다. 아울러 혼인한 지 30년 이상 된 부부의 '황혼이혼'은 1만3백 건으로 전년보다 10.1% 증가했다고 합니다. 하나님 앞에 너무 부끄럽고 안타까운 오늘날 가정의 실상입니다.

1. 당신의 가정(가족 구성원, 가풍이나 내력 등)에 대하여 소개해 보십시오. 더불어 가정을 위한 중보기도 제목을 말해 보십시오.

나의 가족	
기도 제목	

2. 당신은 이상적인(행복한) 가정이 무엇이라 생각합니까? 당신은 이상적인(행복한) 가정을 만들기 위해 어떤 노력을 했습니까? 그 결과는 무엇이며, 앞으로 이상적인 (행복한) 가정을 만들기 위해 어떻게 더 노력할지 다짐도 해보십시오.

1. 우리가 진정 주님의 제자가 되었는지, 예수 그리스도로 인해 거듭난 인생인지를 가장 먼저 시험할 수 있는 곳이 바로 가정입니다. 가족, 특히 남편이(아내가) 인정하지 않는 신앙의 인격이라면 그건 실패한 인격이요, 어디서도 인정받지 못하는 신앙입니다. 그 동안 당신에게 가장 부족했던 부분이 무엇인지를 말해 보십시오. 더불어 앞으로 어떻게 노력하고 고쳐 갈지도 함께 나눠 보십시오.

2. '생각의 문 열기'에서 나눴듯이, 믿음은 행동으로 나타나야 합니다. 당신의 주변에 믿지 않는 가족들 중 가장 가까운 가족을 초대하여 함께 식탁 교제를 나눠 보십시오. 그리고 그 가족에게 사랑으로 하나 되는 가정임을 나타내고, 예수님의 사랑을 전하는 귀한 시간을 가져 보십시오.

가정	
교회	
세상	

CHAPTER 2

부모의 사명

신명기 6장 4~9절

4 이스라엘아 들으라 우리 하나님 여호와는 오직 유일한 여호와이시니

5 너는 마음을 다하고 뜻을 다하고 힘을 다하여 네 하나님 여호와를 사랑하라

6 오늘 내가 네게 명하는 이 말씀을 너는 마음에 새기고

7 네 자녀에게 부지런히 가르치며 집에 앉았을 때에든지 길을 갈 때에든지 누워 있을 때에든지 일어날 때에든지 이 말씀을 강론할 것이며

8 너는 또 그것을 네 손목에 매어 기호를 삼으며 네 미간에 붙여 표로 삼고

9 또 네 집 문설주와 바깥 문에 기록할지니라

신명기 6장 4~5절

4 이스라엘아 들으라 우리 하나님 여호와는 오직 유일한 여호와이시니

5 너는 마음을 다하고 뜻을 다하고 힘을 다하여 네 하나님 여호와를 사랑하라

잠언 22장 6절

6 마땅히 행할 길을 아이에게 가르치라 그리하면 늙어도 그것을 떠나지 아니하리라

하나님 말씀에 근거하여 자녀를 양육함으로 제자화에 앞장선다.

오늘날에는 자녀 양육과 자녀 교육에 대해 관련 도서는 물론 온갖 세미나와 자료들이 수없이 쏟아져 나옵니다. 때문에 부모라면 누구나 이 분야에 대해서 만큼은 박사급의 지식을 소유하고 있지요. 그런데 문제는 이런 세상의 지식에는 한계가 있다는 것입니다. 아무리 자녀를 잘 키우고 훌륭히 양육해도 죽음 앞에서는 아무것도 아님을 분명히 알아야 합니다.

우리는 사랑하는 자녀들을 하나님의 말씀으로 온전히 양육해야 합니다. 생명의 말씀, 영원한 그 말씀만이 우리의 자녀를 영원한 생명으로 이끌 수 있습니다. 세상의 지식도 중요하고, 착하게 살아가는 것도 중요합니다. 하지만 자녀들의 마음속에 예수 그리스도가 없으면 죽은 인생이나 마찬가지임을 기억하십시오. 이 시간을 통해 바른 신앙 교육의 필요성을 알고, 하나님의 말씀으로 온전히 자녀를 양육할 수 있길 소망합니다.

1. 당신은 자녀와 함께 가정예배를 드립니까? 얼마나 자주 그리고 어떻게 드리는지 말해 보십시오.

2. 가정에서 자녀와 함께 성경을 묵상하거나 공부한 적이 있습니까? 혹시 자녀의 신앙 교육을 오로지 주일 학교(교회 학교)에만 맡기고 있지는 않습니까?

1. "이스라엘아 듣고 삼가 그것을 행하라"(신 6:3)는 말씀은 무엇을 의미합니까? 그리고 행했을 때 주어지는 축복은 무엇입니까?(신 6:1~3)

하나님의 백성들은 하나님의 말씀을 듣고 신실하게 지켜 행하는 것이 중요합니다. 그렇게 할 때 하나님의 복을 얻고 하나님이 허락하신 번성을 이루게 됩니다. 자녀들을 바르게 양육해야 합니다. 그 기준이 무엇입니까? 바로, 하나님의 말씀입니다. 말씀을 들려주고, 말씀대로 양육할 수 있어야 합니다. 성수주일하는 것도, 십일조 생활도, 가정예배도 어릴 때부터 부지런히 가르치고 함께 실천하는 것이 좋습니다. 그렇게 할 때 하나님이 자녀와 부모에게 예비해 놓으신 축복들을 온전히 누릴 수 있습니다.

참고

시편 127:3에서 '자식들은 여호와의 기업이요 태의 열매는 그의 상급'이라고 말씀하십니다. 자식들은 하나님이 주신 기업입니다. 세상 기업과 세상 자산을 어떻게 운영하는가도 중요하지만, 가정이라는 기업과 자녀들을 위한 인내와 노력과 기도는 더욱 중요합니다. 세상의 기업을 아무리 잘 운영해도 자식들을 소홀히 여기면 안 되는 것입니다. 부모님들은 모두가 가정의 CEO들입니다. 하나님의 기업을 잘 운영하겠다고 다짐하는 성도들은 가정도 잘 다스려야 합니다.

1 이는 곧 너희의 하나님 여호와께서 너희에게 가르치라고 명하신 명령과 규례와 법도라 너희가 건너가서 차지할 땅에서 행할 것이니 2 곧 너와 네 아들과 네 손자들이 평생에 네 하나님 여호와를 경외하며 내가 너희에게 명한 그 모든 규례와 명령을 지키게 하기 위한 것이며 또 네 날을 장구하게 하기 위한 것이라 3 이스라엘아 듣고 삼가 그것을 행하라 그리하면 네가 복을 받고 네 조상들의 하나님 여호와께서 네게 허락하심 같이 젖과 꿀이 흐르는 땅에서 네가 크게 번성하리라 **신명기 6:1~3**

2. 가정은 자녀에게 반드시 신앙 교육을 시켜야 합니다. 그 이유는 무엇입니까? 그리고 그 전에 부모가 먼저 모범이 되어야 하는 자세는 무엇입니까?(신 6:4~6)

행복한 가정의 열쇠는 하나님을 사랑하는 데 있습니다. 하나님을 사랑하고 경외할 때 그 가정은 가장 행복하고 축복 받는 가정이 될 수 있습니다. 하나님을 사랑하는 가정에는 하나님의 선한 영향력이 흘러가는 법입니다.

자녀를 사랑한다면 자녀에게 세상에서 가장 귀한 하나님의 말씀을 전해 주어야 합니다. 어렸을 때 예수님을 만나고, 어렸을 때부터 기도하고, 어렸을 때부터 하나님의 꿈을 가지고 준비하는 자녀들은 하나님 안에서 귀한 인물로 성장하게 됩니다. 그러나 어릴 때부터 죄를 만나고 세상 유혹에 빠진다면 인생의 많은 시간을 낭비하게 되는 것입니다.

세상 가운데 넘쳐나는 유혹들을 이기려면 예수님을 만나야 합니다. 자녀에게 신앙 교육이 이루어지기 전에 먼저 부모가 하나님의 말씀을 마음에 새겨야 합니다. 6절 말씀은 이 이야기를 하고 있는데, 이것은 부모가 하나님을 사랑할 때 가능한 것입니다. 결론적으로, 자녀를 사랑한다면 먼저 하나님을 사랑해야 합니다.

4 이스라엘아 들으라 우리 하나님 여호와는 오직 유일한 여호와이시니 5 너는 마음을 다하고 뜻을 다하고 힘을 다하여 네 하나님 여호와를 사랑하라 6 오늘 내가 네게 명하는 이 말씀을 너는 마음에 새기고 **신명기 6:4~6**

3. 성경은 부모에게 자녀를 '부지런히'(신 6:7) 가르치라고 말씀합니다. 성경이 제시한 예를 적고, 당신의 모습과 비교해 보십시오.

하나님의 말씀을 부지런히 가르쳐야 합니다. 자녀들 스스로 말씀을 먹을 수 있도록 교육하는 것도 중요하고, 자녀를 향해 인내하는 것도 중요합니다. 삶의 모든 분야에서 열매를 바라며 길이 참는 것이 필요합니다(야고보서 5:7). 부모는 오랜 시간 큰 인내를 가지고 정성을 들여 자식을 사랑하고 하나님의 말씀으로 키워야 하는 것입니다.

참고

디모데는 바울의 영적 아들이었습니다. 바울도 인정할 정도로 디모데가 좋은 믿음과 신앙을 가졌던 것은 그의 신앙이 외조모로부터 비롯되어 어머니의 마음을 거쳐 물려받았기 때문입니다(디모데후서 1:5). 훌륭한 신앙을 가지고 있는 어머니의 품에서 자란 자녀들이 대체로 끝까지 견고한 신앙을 가지게 됩니다. 그런 점에서 신앙의 삶을 가르치는 부모가 되어야 할 것입니다.

7 네 자녀에게 부지런히 가르치며 집에 앉았을 때에든지 길을 갈 때에든지 누워 있을 때에든지 일어날 때에든지 이 말씀을 강론할 것이며 **신명기 6:7**

4. '신앙 교육은 전 생활권 교육이다'라는 말에 동의합니까? 그 이유는 무엇입니까? 당신은 전 생활권 교육인 신앙 교육을 얼마나 어떻게 합니까? 혹시 신앙 교육은 뒷전이고 학교 교육에 우선을 두고 있지는 않은지 돌아보고 자신의 의견을 말해 보십시오.

교육은 학교나 학원에서만 이루어지는 게 아닙니다. 모든 교육은 가정에서 먼저 이루어져야 합니다. 신앙 교육은 더더욱 그러합니다. 신앙 교육을 위한 가장 적합한 장소는 가정과 교회입니다. 자녀가 잘되기를 원한다면 그 무엇보다 믿음의 유산을 물려주어야 합니다. 자녀를 잘 양육하는 것은 하나님이 부모에게 주신 사명입니다.

자녀 교육에서 가장 중요한 것은 영혼을 구원하는 것입니다. 자녀가 자라서 훌륭한 인물이 되어도 목숨을 잃어버리면 아무런 유익도 의미도 없습니다(마태복음 16:26). 잘 살다가 죽어서 지옥에 떨어지면 무슨 소용이 있겠습니까? 나에게 맡겨 주신 자녀가 영원토록 저주 가운데 있다면 그 고통은 차마 헤아릴 수 없습니다. 자녀를 사랑한다면 자녀의 영혼을 구원해야 합니다. 어릴 때부터 신앙을 심어 주어야 하는 이유입니다. 할 수 있는 모든 방법을 동원해서라도 사랑하는 자녀를 영원한 형벌에서 건져 올려야 합니다.

5. 가정에서의 신앙 교육은 부모의 모범에서부터 시작됩니다. "너는 또 그것을 네 손목에 매어 기호를 삼으며 네 미간에 붙여 표로 삼고 또 네 집 문설주와 바깥 문에 기록할지니라"(신 6:8~9절)는 말씀이 어떻게 모범이 되는지 말해 보십시오.

6. 당신은 자녀에게 신앙의 모범을 보이고 있습니까? 어떤 모범을 보이는지 구체적인 예를 들어 말해 보십시오.

참고 1

연세대 사회발전연구소에서 어린이 및 청소년 행복지수 국제 비교 연구를 진행했는데, 그 결과가 2015년에 발표된 바 있습니다. 초등학교 4학년부터 고등학교 3학년까지를 대상으로 한 연구 결과, 한국 초·중·고 학생 5명 중에 1명이 자살 충동을 느낀다고 합니다. 가장 큰 이유는 부모와의 갈등이라고 합니다. 아이들의 행복감에 가장 큰 영향을 끼치는 것은 가정 형편이나 성적이 아니라 부모와의 관계임을 알 수 있습니다. 행복지수는 23개 OECD 국가 중에서 19위로 하위권이라고 합니다.

참고 2

2000년대에 들어오면서 교회 성장이 정체기와 감소기에 들어섰다고 이야기되고 있습니다. 한 세대 전에는 장년 수보다 주일 학교 어린이 수가 더 많았지만, 지금은 이러한 현상을 찾아보기 어렵습니다. 현재 전체 교회의 13%가 주일 학교 문을 닫았고, 약 50% 정도가 중고등부를 없앴다고 합니다. 또한, 전체 교회의 50~80% 정도에서는 7살 미만의 아이들을 찾아보기 어려우며, 한국 교회 청소년들의 복음화율은 현재 3%밖에 되지 않는다고 합니다. 한국 교회 전반적으로 30~50대가 감소하고 있는 현상도 심각한데, 이는 지난 20~30년 전부터 발생하기 시작한 교육부서의 침체 곡선과 정확하게 일치합니다. 현재 아이들이 없는 교회들이 앞으로 30년 후에 소멸될 것이라는 예측들이 나오고 있는 배경입니다. 이런 추세에 미루어 본다면 타국이 선교지가 아니라, 우리의 자녀들 세대가 미전도 종족이 될 수 있음을 추측해 볼 수 있습니다.

참고 3

선교 전략가인 루이스 부시가 만든 '10/40창 선교'와 함께 '4/14창 선교'가 화두가 되고 있습니다. 10/40창은 지리적 개념입니다. 북위 10도에서 40도 사이에 세계 인구의 3/4이 분포되어 있는데, 이곳에 세계 미전도 종족의 95%가 집중되어 있습니다. 4/14창은 세대적 개념으로, 복음에 대한 수용성이 높은 연령이 4살에서 14살이라는 의미를 담고 있습니다. 전 세계 12억 인구가 이 연령대에 속해 있고, 이들 중 67%인 8억 인구가 10/40창에 살고 있습니다. 이 데이터에 근거해 볼 때, 10/40창 선교 운동의 열쇠가 4/14창 선교 운동에 달려 있다고 할 수 있습니다. 여러 가지 사명이 있지만, 무엇보다 시급한 것은 다음 세대를 복음으로 세우는 일입니다. 어린 자녀들과 청소년, 그리고 대학 청년들을 섬기고 양육하고 훈련해야 합니다. 이것이 신앙의 대를 이어 복음의 사명을 계속해서 능력 있게 감당하는 길입니다.

1. <디모데후서> 3장 16~17절의 말씀을 깊이 묵상해 보십시오. 성경을 자녀에게 가르쳐야 하는 이유는 무엇입니까?

16 모든 성경은 하나님의 감동으로 된 것으로 교훈과 책망과 바르게 함과 의로 교육하기에 유익하니 17 이는 하나님의 사람으로 온전하게 하며 모든 선한 일을 행할 능력을 갖추게 하려 함이라 **디모데후서** 3:16~17

2. 신앙 교육과 학교 교육 중 당신은 어떤 것을 중요하게 생각합니까? 예를 들어, 수능 대비 족집게 특강이 주일에 있다고 한다면 당신은 교회와 특강 중 어디로 자녀를 보내겠습니까? 그리고 그렇게 생각하는 이유는 무엇입니까?(딤후 3:15)

15 또 어려서부터 성경을 알았나니 성경은 능히 너로 하여금 그리스도 예수 안에 있는 믿음으로 말미암아 구원에 이르는 지혜가 있게 하느니라 **디모데후서** 3:15

1. 미국 제16대 대통령인 에이브러햄 링컨은 인생에서 위대하게 쓸 만한 조건이 아무 것도 없었습니다. 그에게는 오직 가난과 신앙심이 깊은 어머니뿐이었습니다. 이 사실을 통해 당신에게 주는 교훈은 무엇입니까? 혹시 이 시간 열심히 배웠음에도 여전히 마음 한구석에 주장하는 당신의 생각이 있습니까? 솔직하게 말해 보십시오. 그리고 분명히 해결하시길 바랍니다.

2. 요즘에는 신앙 교육을 위해 다양한 프로그램과 책이 시중에 많이 나와 있습니다. 때문에 당신이 부족하다는 것은 핑계일 수 있습니다. 말씀 묵상, 기도, 성경 공부를 각각 어떻게 실천할지 구체적인 계획을 세워 보십시오. 당신이 출석하는 교회의 주일 학교(교회 학교)와 연계될 수 있는 것이면 더욱 좋겠습니다.

말씀 묵상	
기도	
성경 공부	

CHAPTER 3

자녀의 사명

에베소서 6장 1~3절

1 자녀들아 주 안에서 너희 부모에게 순종하라 이것이 옳으니라
2 네 아버지와 어머니를 공경하라 이것은 약속이 있는 첫 계명이니
3 이로써 네가 잘되고 땅에서 장수하리라

잠언 3장 1~10절

1 내 아들아 나의 법을 잊어버리지 말고 네 마음으로 나의 명령을 지키라
2 그리하면 그것이 네가 장수하여 많은 해를 누리게 하며 평강을 더하게 하리라
3 인자와 진리가 네게서 떠나지 말게 하고 그것을 네 목에 매며 네 마음 판에 새기라
4 그리하면 네가 하나님과 사람 앞에서 은총과 귀중히 여김을 받으리라
5 너는 마음을 다하여 여호와를 신뢰하고 네 명철을 의지하지 말라
6 너는 범사에 그를 인정하라 그리하면 네 길을 지도하시리라
7 스스로 지혜롭게 여기지 말지어다 여호와를 경외하며 악을 떠날지어다
8 이것이 네 몸에 양약이 되어 네 골수를 윤택하게 하리라
9 네 재물과 네 소산물의 처음 익은 열매로 여호와를 공경하라
10 그리하면 네 창고가 가득히 차고 네 포도즙 틀에 새 포도즙이 넘치리라

에베소서 6장 1~2절

1 자녀들아 주 안에서 너희 부모에게 순종하라 이것이 옳으니라
2 네 아버지와 어머니를 공경하라 이것은 약속이 있는 첫 계명이니

디모데전서 5장 8절

8 누구든지 자기 친족 특히 자기 가족을 돌보지 아니하면 믿음을 배반한 자요 불신자
보다 더 악한 자니라

핵심 주제

부모와 자녀의 관계, 그리고 사명을 성경적으로 제시한다.

최근 우리 사회의 가장 큰 문제로 나타나고 있는 것은 바로 끊이지 않는 존속상해입니다. 그중에도 부모를 죽이는 일이 심심찮게 일어나고 있습니다. 참으로 안타까운 일이 아닐 수 없습니다. 그런데 문제는 이를 기독교 문화의 전파로 오해하고 있는 이가 생각보다 많다는 것입니다. 유교 문화가 뿌리박고 있을 때에는 이런 일이 벌어질 수 없다는 것입니다. 그러나 이것은 말 그대로 기독교 박해에서 나온 잘못된 소문일 뿐입니다.

성경은 우리에게 부모를 공경하라고 여러 차례 말씀합니다. 부모를 공경하거나 사랑하지 않는 자는 하나님을 사랑한다고 말할 수 없음을 분명히 선포하고 있습니다. 그런데 사실 우리의 모습은 어떠합니까? 말씀대로 행하며 지키고 살아갑니까? 이 시간 자녀 된 우리의 모습을 돌아볼 수 있었으면 좋겠습니다.

1. 당신은 주변이나 뉴스를 통해 존속상해 또는 존속살인이 일어나는 모습을 보거나 들어본 적이 있습니까? 최근 일어난 사건들을 돌아가며 하나씩 말해 보십시오. 더불어 이러한 사건이 점점 더 많이 일어나고 있는 이유는 무엇이라 생각하는지 함께 나눠 보십시오.

2. 존속상해 또는 존속살인이 줄어들기 위해 우리가 해야 할 일은 무엇이라 생각합니까? 개인 또는 교회가 감당해야 할 사회적 책임은 무엇이 있을지 나눠 보십시오.

1. 성경이 말하는 자녀의 의무는 무엇입니까?(엡 6:1~2) 당신은 이 의무를 잘 지키고 있습니까? 혹시 부족한 부분이 있다면 반성해 보십시오.

> 주님 안에서 부모에게 순종하라고, 이것이 옳은 것이라고 말씀하고 있습니다. 그리고 이것이 약속 있는 첫 계명이라고 말씀하고 있습니다.

참고

마태복음 22:37~40에 나타난 하나님의 말씀을 요약한다면, 하나님 사랑과 인간 사랑입니다. 십계명도 하나님 사랑과 인간 사랑에 대한 실제적이고 구체적인 지침들을 말하고 있습니다. 십계명의 1계명부터 4계명까지는 하나님을 향한 계명(대신 계명)이고, 5계명에서 마지막 10계명까지는 인간에 대한 계명(대인 계명)입니다.

하나님을 사랑하는 것은 하나님 외에 다른 신이나 우상을 만들지 않는 것이고, 하나님의 이름을 망령되이 일컫지 않는 것이며, 하나님의 날인 안식일을 거룩히 지키는 것입니다. 한마디로 하나님 중심, 하나님 제일주의로 살아가는 것이 하나님을 사랑하는 것입니다. 무슨 생각과 무슨 행동을 하든지 하나님을 최우선으로 여기고, 하나님이 기뻐하시도록 하나님 중심으로 사는 것입니다.

5계명부터 10계명까지는 인간 사랑에 대해 이야기하고 있습니다. 제일 먼저 나오는 계명이 '네 부모를 공경하라'는 말씀입니다. 대인 계명 중에서 가장 우선적이고 가장 중요한 것입니다. 그래서 부모 공경을 약속이 있는 첫 계명이라고 부릅니다. 인간 사랑에 대해 우리는 보통 소외되고 상처받은 이웃들을 찾아가고 돌봐 주는 것만 생각합니다. 선한 사마리아인처럼 이웃을 돌보고 배려해 주는 것, 상처받은 약자들과 가난한 자들에게 힘이 되어 주는 일들만 생각합니다. 이러한 모든 것들이 아름다운 인간 사랑, 이웃 사랑인 것은 당연합니다. 그러나, 인류에 대한 그 어떠한 사랑보다 나를 낳고 길러 주신 부모를 사랑하는 것이 인간 사랑에서 우선되어야 한다고 하나님의 말씀이 가르쳐 주고 있습니다.

1 자녀들아 주 안에서 너희 부모에게 순종하라 이것이 옳으니라 2 네 아버지와 어머니를 공경하라 이것은 약속이 있는 첫 계명이니 **에베소서 6:1~2**

2. 성경은 부모에게 순종하라고 말씀하면서 '주 안에서'라는 조건을 달았습니다. 주 안에서의 순종이 옳다고 말씀하는데, 이 말씀의 진정한 의미는 무엇이라 생각합니까?

자녀들은 부모에게 순종해야 하는데 무조건적인 순종이 아니라 조건적인 순종입니다. '주님 안'에서 순종하는 것이 중요합니다. 부모를 사랑하고 공경하지만 하나님보다 더 높이고 섬기지는 말라는 의미입니다. 하나님과의 관계가 우선적으로 중요하고 그 안에서 부모님을 공경하라는 뜻입니다. 부모님을 사랑하고 공경한다면 어떤 말씀이라도 순종해야 합니다. 그러나 하나님에게 죄가 되거나 하나님의 말씀과 위배되는 것이라면, 따를 수도 없고 따라서도 안 됩니다.

참고 1

예를 들어, 부모님이 나에게 기독교 신앙을 버리기를 원하신다면 신앙을 버릴 것이 아니라 도리어 하나님의 말씀대로 부모님의 신앙을 위해 기도하고 힘써야 합니다. 또한, 부모님이 아무리 원하신다고 하더라도 하나님 앞에 범죄를 저지르면서까지 공경할 수는 없을 것입니다.

참고 2

부모님을 전도할 수 있어야 합니다. 마가복음 3:31-35에서 예수님은 하나님의 뜻대로 행하는 자가 내 형제요 자매요 어머니라고 하셨습니다. 이것은 육신의 가족이나 부모를 무시하라는 게 아니라, 가족들이 하나님의 뜻을 행하는 자로 변모될 때 행복한 가정을 이룰 수 있다고 말씀하시는 것입니다. 예수님을 믿고 하나님의 뜻을 행하는 모든 사람은 한 가족처럼 영원히 축복의 삶을 살게 되지만, 아무리 피를 나눈 육신의 가족이자 부모라고 하더라도 예수님을 믿지 않고 하나님의 뜻을 행하지 않으면 천국에서 다 함께 영원한 가족이 될 수 없습니다.

3. 자녀가 부모에게 성경이 말씀하는 의무를 온전히 이행했을 때, 약속해 주신 언약은 무엇입니까?(엡 6:3) 이에 당신은 동의합니까? 이와 비슷한 말씀들을 성경에서 더 찾아보십시오.

주님 안에서 부모에게 순종할 때 잘되고 땅에서 장수한다고 말씀하고 있습니다. 부모를 공경하면 무조건 100살까지 장수한다는 말씀이 아니라, 부모를 공경하는 자녀는 땅에서 잘되고 장수하는 환경에 놓이게 된다는 의미입니다.

통계적으로도 부모를 거역하여 잘못된 길을 간 사람들 중 많은 이들이 자살을 포함해서 더 열악한 환경들에 놓이는 경우를 볼 수 있습니다. 부모를 사랑하는 사람은 베푸는 사랑만큼 마음 안에 사랑이 커지고, 자아상이 밝아지며, 인생의 힘을 얻습니다. 인생을 긍정적으로 바라보고, 더 큰 삶의 여유를 누리며, 잠재력을 잘 발휘하는 것을 볼 수 있습니다. 부모를 공경하면 자녀들과 후대가 복을 받습니다. 나아가 사회 전체가 건강하고 밝아지게 되고 나라도 잘살게 됩니다.

> 참고 1
>
> 부모를 공경하라는 말에는 '네 위에 또 다른 권위가 있음'을 교훈합니다. 네가 순종하고 따라야 할 분이 있다는 것을 가르쳐 줍니다. 부모의 권위를 인정하지 않고 사랑하지 않을 때 여타의 인간관계에서 문제들이 파생됩니다. 부모에게 순종하고 그 권위를 존중하고 따르지 않으면 선생님의 권위에 순종하기 어렵습니다. 직장에서 상사에게 순종하는 것도 어렵습니다. 자신의 위에 있는 다른 권위를 인정하지 않으려는 경향이 생기기 때문입니다. 신앙생활에서도 영적 권위를 따르기 어려워합니다. 하나님의 영적 권위를 인정하고 바라보는 데 걸림돌이 많아집니다. 바른 영적 권위를 거부할 때 인간관계의 죄가 양산되는 것입니다.

> 참고 2
>
> 신명기 5:16 _ "너는 네 하나님 여호와께서 명령한 대로 네 부모를 공경하라 그리하면 네 하나님 여호와가 네게 준 땅에서 네 생명이 길고 복을 누리리라"
> 부모를 공경하라는 말씀은 하나님의 명령입니다. '네 부모를 공경하라'는 말씀 자체가 명령형인데, 앞에서 '여호와께서 명령한 대로'라고 강조하기까지 합니다. 그만큼 중요한 말씀이라는 뜻입니다. 뒤이어 '생명이 길고 복을 누리게 된다'고 언약하실 정도로 그 중요성을 더욱 강조하고 있습니다.

3 이로써 네가 잘되고 땅에서 장수하리라 **에베소서** 6:3

4. <잠언> 3장 1~10절, 두 번째 본문은 자녀의 의무를 확장된 의미로 말씀합니다. 본문을 다시 읽고 묵상한 후, 자녀들이 지켜야 할 명령을 구체적으로 정리해 보십시오.

1절	마음으로 부모의 명령을 지키는 것
3절	인자와 진리를 마음에 새기는 것
5절	마음을 다해 여호와를 신뢰하고 자신의 명철을 의지하지 않는 것
6절	하나님이 길을 지도해 주심
7절	스스로 지혜롭게 여기지 말고 여호와를 경외하며 악을 떠나는 것
9절	재물과 소산물의 처음 익은 열매로 여호와를 공경하는 것

5. 하나님은 명령만 강요하는 분이 아닙니다. 4번 문항의 각 명령마다 축복을 약속하셨습니다. <잠언> 3장 1~10절, 두 번째 본문을 다시 읽고, 하나님이 약속하신 축복을 정리해 보시오.

2절	장수하며 많은 해를 누리고 평강을 더하게 하심
4절	하나님과 사람 앞에서 은총과 귀중히 여김을 받음
6절	하나님이 길을 지도해 주심
8절	몸에 양약이 되어 골수가 윤택하게 됨
10절	창고가 가득히 차고 포도즙 틀에 새 포도즙이 넘침

6. 하나님은 자녀에게 명령과 함께 축복도 약속합니다. 이는 우리가 구함으로 축복을
받을 수 있지만, 하나님의 계명을 우선하고 그분을 경외할 때 따라오는 결과이기도
함을 말씀합니다. 부모이기에 앞서 자녀의 신분으로 육신의 부모를 어떻게 섬길지,
더 나아가 영적 부모를 어떻게 섬길지 다짐해 보십시오.

4 또 아비들아 너희 자녀를 노엽게 하지 말고 오직 주의 교훈과 훈계로 양육하라 **에베소서 6:4**

1. 흔히 남편은 아내의 친정 부모를 불편해하고, 아내는 남편의 부모를 어려워합니다. 이처럼 시부모와 며느리, 처가 부모와 사위 간의 갈등이 생겨난 근본적인 이유는 무엇이라고 생각합니까?

2. 당신은 시댁 또는 처가로 인해 심각한 고민과 스트레스에 쌓여 있지 않습니까? 한 예를 들어 문제점을 이야기하고, 이에 대한 해결 방안을 함께 나눠 보십시오.

1. <에베소서> 6장 1~3절의 말씀을 다시 한 번 깊이 묵상해 보십시오. 그리고 우리 가정의 문제는 무엇인지, 무엇보다 당신이 가정을 믿음과 사랑의 가정으로 만들기 위해 어떤 변화와 노력이 필요한지 말해 보십시오.

2. 우리는 예수님의 제자가 되기 위해 이 험난한 훈련의 과정을 경험하고 있습니다. 그런데 제자훈련의 첫 관문인 가정에서부터 삶의 실천이 실패한다면, 이 훈련은 실패했다고 볼 수 있습니다. 가정으로 돌아가 자녀로서 부모에게, 부모로서 자녀에게, 남편 또는 아내로서 배우자에게 어떻게 사랑을 실천할지 계획하고 실천해 보십시오.

자녀로서 부모(시댁, 처가)에게	
부모로서 자녀에게	
남편 또는 아내로서 배우자에게	

뿌리 깊은 신앙

중심 말씀

마가복음 4장 1~20절

1 예수께서 다시 바닷가에서 가르치시니 큰 무리가 모여들거늘 예수께서 바다에 떠 있는 배에 올라앉으시고 온 무리는 바닷가 육지에 있더라

2 이에 예수께서 여러 가지를 비유로 가르치시니 그 가르치시는 중에 그들에게 이르시되

3 들으라 씨를 뿌리는 자가 뿌리러 나가서

4 뿌릴새 더러는 길가에 떨어지매 새들이 와서 먹어 버렸고

5 더러는 흙이 얕은 돌밭에 떨어지매 흙이 깊지 아니하므로 곧 싹이 나오나

6 해가 돋은 후에 타서 뿌리가 없으므로 말랐고

7 더러는 가시떨기에 떨어지매 가시가 자라 기운을 막으므로 결실하지 못하였고

8 더러는 좋은 땅에 떨어지매 자라 무성하여 결실하였으니 삼십 배나 육십 배나 백 배가 되었느니라 하시고

9 또 이르시되 들을 귀 있는 자는 들으라 하시니라

10 예수께서 홀로 계실 때에 함께한 사람들이 열두 제자와 더불어 그 비유들에 대하여 물으니

11 이르시되 하나님 나라의 비밀을 너희에게는 주었으나 외인에게는 모든 것을 비유로 하나니

12 이는 그들로 보기는 보아도 알지 못하며 듣기는 들어도 깨닫지 못하게 하여 돌이켜 죄 사함을 얻지 못하게 하려 함이라 하시고

13 또 이르시되 너희가 이 비유를 알지 못할진대 어떻게 모든 비유를 알겠느냐

14 뿌리는 자는 말씀을 뿌리는 것이라

15 말씀이 길 가에 뿌려졌다는 것은 이들을 가리킴이니 곧 말씀을 들었을 때에 사탄이 즉시 와서 그들에게 뿌려진 말씀을 빼앗는 것이요

16 또 이와 같이 돌밭에 뿌려졌다는 것은 이들을 가리킴이니 곧 말씀을 들을 때에 즉시 기쁨으로 받으나

17 그 속에 뿌리가 없어 잠깐 견디다가 말씀으로 인하여 환난이나 박해가 일어나는 때에는 곧 넘어지는 자요

18 또 어떤 이는 가시떨기에 뿌려진 자니 이들은 말씀을 듣기는 하되

19 세상의 염려와 재물의 유혹과 기타 욕심이 들어와 말씀을 막아 결실하지 못하게 되는 자요

20 좋은 땅에 뿌려졌다는 것은 곧 말씀을 듣고 받아 삼십 배나 육십 배나 백 배의 결실을 하는 자니라

암송 말씀

골로새서 2장 6~7절

6 그러므로 너희가 그리스도 예수를 주로 받았으니 그 안에서 행하되

7 그 안에 뿌리를 박으며 세움을 받아 교훈을 받은 대로 믿음에 굳게 서서 감사함을 넘치게 하라

고린도전서 10장 31절

31 그런즉 너희가 먹든지 마시든지 무엇을 하든지 다 하나님의 영광을 위하여 하라

하나님의 말씀을 온전히 깨달아 믿음의 명문가家로 도약한다.

믿음의 명문가家만들기 프로젝트는 다양한 옷을 입고 오늘날 한국 교회 가운데 유행이 되고 있습니다. 그 이유는 무엇입니까? 세계 선교 1위국에 걸맞은 선민사상의 옷을 입고자 하는 욕심은 아닌지 돌아보아야 합니다. 믿음의 명문가라는 것의 진정한 의미는 3대, 4대, 5대째 기독교 집안이라는 것이 아닙니다. 얼마나 하나님의 말씀을 지켜 온전히 행하는 가정인가를 보아야 합니다.

그렇다면 믿음의 명문가를 만들기 위해 우리는 어떻게 해야 합니까? 먼저, 우리 가정이 말씀을 받기에 좋은 땅인지를 살펴야 합니다. 좋은 땅 만들기가 끝나면 하나님의 말씀을 사모함으로 받아야 합니다. 그리고 그 말씀을 준행할 때 비로소 믿음의 명문가가 됨을 기억하십시오. 이 시간을 통해 하나님의 말씀을 온전히 들어 30배, 60배, 100배의 결실을 맺는 우리 가정이 되길 소망합니다.

1. 당신의 가정에서 아직 예수님을 영접하지 못한 가족이 있습니까? 그 이유는 무엇인지, 혹시 상처가 있는 것은 아닌지 자세히 말해 보십시오.

2. 당신은 예수님을 믿지 않는 가족을 위해 어떤 노력을 했습니까? 혹시 가족이 예수님을 영접할 수 있게 계기를 만들 특별한 계획을 가지고 있습니까?

말씀 속으로

1. 본문의 비유에서 '씨'와 '씨 뿌리는 자'는 각각 무엇을 의미하는지 적어 보십시오(막 4:14).

> 씨는 하나님의 말씀을 의미하고 씨 뿌리는 자는 말씀을 전하는 자를 의미합니다. 마귀가 그 마음에서 말씀을 빼앗는다고 성경은 표현하고 있습니다. 즉, 비유에 나오는 네 종류의 밭은 하나님의 말씀을 받는 우리 인간의 마음을 의미합니다.

참고 1

씨는 작지만 생명을 품고 있습니다. 그 씨에서 싹이 나오고 잎이 나오고 자라서 꽃이 피고 열매를 맺게 됩니다. 하나님의 말씀은 씨와 같습니다. 생명이 있기에 살아 움직이는 것입니다(히브리서 4:12).

참고 2

본문 말씀은 씨 뿌리는 자의 비유, 혹은 네 가지 밭의 비유라고 불립니다. 마가복음 4장과 함께 마태복음 13장과 누가복음 8장에도 기록되어 있습니다. 엄밀하게 말하면, 씨에 관한 비유가 아니라 밭에 관한 비유임을 알 수 있습니다. 길가, 바위 위, 가시떨기 속, 좋은 땅 등 어디에 떨어지든지 씨는 다 동일합니다. 문제는 씨가 떨어진 땅, 곧 밭이 다른 것에 있습니다. 말씀을 받는 나의 마음이 중요하다는 뜻입니다.

14 뿌리는 자는 말씀을 뿌리는 것이라 **마가복음** 4:14

2. 씨 뿌리는 자가 씨를 뿌릴 때 떨어진 곳은 어디입니까? 더불어 뿌려진 씨는 각각 어떻게 되었습니까?(막 4:3~8)

> 1) 길가 | 새들이 와서 먹어 버림
> 2) 흙이 얕은 돌밭 | 흙이 깊지 않으므로 곧 싹이 나오나, 해가 돋은 후에는 뿌리가 없어 타서 마름
> 3) 가시떨기 | 가시가 자라 기운을 막으므로 결실하지 못함
> 4) 좋은 땅 | 자라 무성하여 삼십 배, 육십 배, 백 배의 결실을 이룸

3 들으라 씨를 뿌리는 자가 뿌리러 나가서 4 뿌릴새 더러는 길가에 떨어지매 새들이 와서 먹어 버렸고 5 더러는 흙이 얕은 돌밭에 떨어지매 흙이 깊지 아니하므로 곧 싹이 나오나 6 해가 돋은 후에 타서 뿌리가 없으므로 말랐고 7 더러는 가시떨기에 떨어지매 가시가 자라 기운을 막으므로 결실하지 못하였고 8 더러는 좋은 땅에 떨어지매 자라 무성하여 결실하였으니 삼십 배나 육십 배나 백 배가 되었느니라 하시고 **마가복음** 4:3~8

3. 씨 뿌리는 비유에 대해 말씀하신 예수님은 제자들에게 친히 설명해 주셨습니다. <마가복음> 4장 14~20절까지 다시 읽고, 당신의 말로 정리하여 적어 보십시오.

길가	말씀을 들었을 때 사탄이 즉시 와서 뿌려진 말씀을 빼앗아 감
돌밭	말씀을 들을 때에 즉시 기쁨으로 받으나, 그 속에 뿌리가 없어 잠깐 견디다가 말씀으로 인하여 환난이나 박해가 일어나는 때에 곧 넘어짐
가시떨기	말씀을 듣기는 하되 세상의 염려와 재물의 유혹과 기타 욕심이 들어와 말씀을 막아 결실하지 못하게 됨
좋은 땅	말씀을 듣고 받아 삼십 배나 육십 배나 백 배의 결실을 하는 자

14 뿌리는 자는 말씀을 뿌리는 것이라 15 말씀이 길가에 뿌려졌다는 것은 이들을 가리킴이니 곧 말씀을 들었을 때에 사탄이 즉시 와서 그들에게 뿌려진 말씀을 빼앗는 것이요 16 또 이와 같이 돌밭에 뿌려졌다는 것은 이들을 가리킴이니 곧 말씀을 들을 때에 즉시 기쁨으로 받으나 17 그 속에 뿌리가 없어 잠깐 견디다가 말씀으로 인하여 환난이나 박해가 일어나는 때에는 곧 넘어지는 자요 18 또 어떤 이는 가시떨기에 뿌려진 자니 이들은 말씀을 듣기는 하되 19 세상의 염려와 재물의 유혹과 기타 욕심이 들어와 말씀을 막아 결실하지 못하게 되는 자요 20 좋은 땅에 뿌려졌다는 것은 곧 말씀을 듣고 받아 삼십 배나 육십 배나 백 배의 결실을 하는 자니라 **마가복음** 4:14~20

4. 열매를 맺지 못하게 하는 '사탄'(막 4:15)과 '환난이나 박해'(막 4:17) 그리고 '세상의 염려와 재물의 유혹과 기타 욕심'(막 4:19)에 대해서 설명해 보십시오.

사탄 (막 4:15)	길가에 떨어진 씨는, 당시 종교 지도자들처럼 듣기는 했지만 하나님의 말씀이 마음속으로 들어가지 못하는 신앙에 대해 말하고 있습니다. 마귀가 와서 그 말씀을 훔쳐가서 그들로 믿어 구원을 얻지 못하게 합니다. 마음 밭이 너무 딱딱한 것입니다. 비가 많이 와서 곡괭이로 깨고, 다시 비가 오고 다시 깨고 하는 과정을 반복해서 거쳐야 합니다. 좁고 굳은 마음은 하나님의 말씀에 닫혀 있습니다. 하나님이 말씀하신다는 사실을 믿지 못하는 것입니다.
환난이나 박해 (막 4:17)	바위 위에 떨어진 씨는, 말씀을 들을 때 기쁨으로 받아 잠시는 믿어도 뿌리가 없다 보니 시련을 당할 때는 배반하는 경우를 나타냅니다. 잠깐 믿다가 신앙이 금세 식어 버리는 것입니다. 뿌리를 내리지 못한 신앙은 시련이 오면 쉽게 배반하고 잊어버립니다. 결단도 피상적이고 헌신도 피상적입니다.
세상의 염려와 재물의 유혹과 기타 욕심 (막 4:19)	성경에는 많은 유혹들과 죄의 목록들을 열거해 놓고 있습니다. 자기 교만, 두려움, 아픔과 상처로 닫힌 마음, 자기 연민, 걱정과 염려 등이 있습니다. 상처를 받으면 마음이 차가워지고 삶의 즐거움이 사라지며 방어적이 됩니다. 그 상태로는 하나님의 사랑을 수용하지 못합니다. 상처는 사람에게 받았는데 분풀이는 하나님에게 할 수도 있습니다. 우리가 상처를 받을 때 하나님도 마음 아파하십니다. 세상살이에 관한 염려도 죄입니다. 사소하게든 중요하게든 무엇을 먹을까, 무엇을 마실까, 무엇을 입을까, 염려하는 것입니다. 재물에 이끌리는 유혹과 욕망도 죄입니다. 우리의 관심이 하나님에게서 멀어지고, 돈 번다고 하나님을 잊고 지내기 때문입니다. 하나님의 말씀이나 하나님의 사람들과 함께하는 시간들을 앗아가 버립니다. 세상의 쾌락에 빠지는 향락은 말씀을 따라 살지 못하도록 우리의 발목을 잡는 죄악입니다.

5. 예수님이 하나님 나라의 비밀을 외인에게 비유로 말씀하신 이유는 무엇입니까?(막 4:10~12)

귀를 가졌다고 이 말씀을 다 듣는 것이 아니라고 말씀하십니다. 영적 이해력이 있어야 합니다. 그런 의미에서 예수님이 비유로 말씀하신 것은 분명 의도성이 있습니다. 하나님 나라의 비밀을 받아들이는 자들과 받지 못하는 자들을 나누신 것입니다. 마음과 영안을 열고 주님의 말씀을 받아야 합니다. 그렇지 않으면 당시 대부분의 종교 및 정치 지도자들처럼 원수 대하듯 예수님의 말씀에 대해 부정한 시각을 먼저 들이 대게 됩니다.

동시에 이 말씀은 역설적인 표현이라고 할 수 있습니다. 깨닫지 못하게 하여 돌이켜 죄 사함을 얻지 못하게 함이라고 표현하신 것에는 '이 말씀을 꼭 받고 지키라'는 강한 메시지가 담겨 있습니다. 주님은 하나님 나라의 비밀을 알려 주기 원하시는 분이지 감추시는 분이 아닙니다. 주님의 본심은 9절에 잘 나와 있습니다. '들을 귀 있는 자는 들으라'고 말씀하십니다. 제발 들으라는 것입니다. 호세아 10:12 말씀대로 주님은 우리의 묵은 마음을 기경하여 하나님의 말씀을 따르기를 원하십니다.

10 예수께서 홀로 계실 때에 함께한 사람들이 열두 제자와 더불어 그 비유들에 대하여 물으니 11 이르시되 하나님 나라의 비밀을 너희에게는 주었으나 외인에게는 모든 것을 비유로 하나니 12 이는 그들로 보기는 보아도 알지 못하며 듣기는 들어도 깨닫지 못하게 하여 돌이켜 죄 사함을 얻지 못하게 하려 함이라 하시고 **마가복음** 4:10~12

6. 씨 뿌리는 비유(막 4:1~9)와 예수님의 해석(막 4:10~20)을 다시 읽고, 각각의 강조점에 대해서 연구하여 설명해 보십시오.

좋은 밭으로 준비되는 것은 착하고 좋은 마음으로 하나님의 말씀을 순수하게 잘 받아들이는 마음의 태도를 말합니다. 사람의 말이 아닌 하나님의 말씀으로 받고 순종하며 사는 것입니다. 백배의 열매를 거두는 방법은 착하고 좋은 마음으로 말씀을 받고 인내로 이 말씀을 지키는 것입니다. 사탄은 말씀을 받은 자들을 끊임없이 넘어뜨리려고 합니다. 여러 가지 시련들과 이생의 염려, 재물과 향락의 기운에 막히지 않도록 인내로써 말씀을 계속해서 굳게 붙잡아야 합니다.

1. 씨 뿌리는 비유에서 나온 4가지 밭 중 하나님의 말씀을 받는 당신의 가족 구성원은 각각 어디에 속해 있다고 생각합니까? 그 이유는 무엇입니까?

1.	
2.	
3.	
4.	

2. 씨 뿌리는 비유와 예수님의 해석은 말씀을 어떻게 받아들여야 하는지에 그 강조점을 두고 있습니다. 당신의 가정은 하나님의 말씀을 어떻게 받아들이며 순종하고 있습니까? 그리고 받은 말씀은 가정을 통해서 어떻게 세상에 전하고 있습니까?

1. 당신과 당신의 가정에 있어서 사탄, 환난이나 박해, 세상의 유혹과 욕심은 무엇입니까? 그것을 극복하기 위해 어떤 노력을 해야 할지 함께 나눠 보십시오.

사탄 (막 4:15)	
환난이나 박해 (막 4:17)	
세상의 염려와 재물의 유혹과 기타 욕심 (막 4:19)	

2. 좋은 땅의 특징은 하나님의 말씀을 주의 깊게 듣고 깨달아 순종하는 것입니다. 한 주 동안 가족과 함께 말씀 묵상을 해보면 어떨까 합니다. 매일 아침 또는 저녁 시간을 내어 묵상하고 삶 가운데 적용하여 나눠 보는 시간을 가져 보십시오.

월요일	
화요일	
수요일	
목요일	
금요일	
토요일	

7

참고

제자훈련 교재 구성

예수님을 따르는 비전의 사람들

교재 소개

1. 1권 「제자훈련 터 다지기」에서는 제자의 신앙고백과 삶을 돌아보게 됩니다.

나의 신앙고백 / 거듭난 인생 / 복음의 능력 / 영적 성장의 길

2. 2권 「성부 하나님(하나님)」에서는 하나님에 대해 배웁니다.

창조의 하나님 / 전능하신 하나님 / 목자 되신 하나님 / 사랑의 하나님

3. 3권 「성자 하나님(예수님)」에서는 예수님에 대해 배웁니다.

예수님의 죽음과 부활 / 예수님의 사역 I 기적 / 예수님의 사역 II 고치심 /
예수님의 사역 III 살리심

4. 4권 「성령 하나님(성령님)」에서는 성령님에 대해 배웁니다.

오소서, 성령님! / 성령 충만 I / 성령 충만 II / 보혜사 성령님

5. 5권 「제자도 I」에서는 제자도에 대해 배웁니다.

제자의 길 / 추수할 일꾼 / 한 영혼 / 거룩한 산 제물

6. 6권에서는 「제자도 Ⅱ (가정)」에서는 신실한 가정을 세워가는 것에 대해 배웁니다.

사랑으로 하나 되는 가정 / 부모의 사명 / 자녀의 사명 / 뿌리 깊은 신앙

교재 구성

「예수를 따르는 비전의 사람들」의 매 과는 질의와 응답으로 구성되어 있는데 각 질문은 관찰, 해석, 적용의 세 부분으로 나누어져 있습니다.

1. 관찰 질문

본문을 주의깊게 살펴보는 질문입니다.

┃ 각자 자신의 말로 정리해 봅니다.

┃ 내용은 무엇입니까?

2. 해석 질문

본문의 내용을 묵상하고 중요한 의미를 찾아보는 질문입니다.

┃ 설명해 보십시오.

┃ 무슨 의미입니까?

3. 적용 질문

본문의 내용을 각자의 삶에 비추어 솔직한 심정을 나누는 질문입니다.

┃ 하나님의 말씀을 실제 삶에 어떻게 적용할 것인가를 생각하게 합니다.

┃ 개인적인 삶 가운데 실천할 것이 무엇입니까?

운영

제자훈련 운영 예시

도 입

1. 환영

지난 한 주 동안 어떻게 지냈는지 서로의 안부를 주고 받으며 밝은 얼굴로 인사를 나눕니다.

2. 찬양

도입 부분에서 각 과의 주제와 연관된 찬양을 선곡하여 진행합니다. 찬양 인도는 주로 인도자가 담당하는 것으로 하되 찬양의 은사가 있는 훈련생에게 맡길 수도 있습니다.

3. 기도

찬양에 이어지는 순서입니다. 교회에서 주요하게 다루어지는 주제나 실시간 중보기도의 제목을 가지고 인도자와 훈련생들이 마음을 모아 기도하는 시간입니다.

| 교회를 위한 기도
| 담임목사를 위한 기도
| 나라와 민족을 위한 기도
| 세계 선교를 위한 기도
| 훈련생들을 위한 기도

│ 훈련 시간을 위한 기도
│ 기타, 실시간 중보기도가 필요한 영역

4. 과제물 점검

한 주간 실시하고 실천한 과제물 내용을 가지고 서로 나누면서 은혜의 시간을 가집니다.

│ 큐티 나눔
│ 설교 요약
│ 암송 말씀
│ 독서 과제 나눔
│ 기타, 일상 속 실천과 적용 내용

5. 마인드맵 Mind Map

해당하는 과에 관한 내용 전체에 대해 마인드맵을 만들어 놓으면 매우 효율적으로 진행할 수 있습니다. 마인드맵을 만드는 요령은 아래와 같습니다.

│ 본문을 철저하게 예습하라
│ 각 질문들의 성격을 분류하라
│ 질문의 주제를 파악하고 분류하라
│ 질문들을 그룹화하여 단락으로 나누라
│ 각 단락의 주제를 정하라
│ 각 단락의 주제와 질문의 주제를 중심으로 마인드맵을 만들라

6. 목적

각 과에서 다루어야 할 성경의 진리들이 무엇인지 정리합니다.

이것은 귀납적 성경 공부의 '관찰 및 해석'에 해당되는 것입니다.

그 진리 앞에서 훈련생들이 어떻게 자신의 삶을 실천해야 하는지를 정리합니다.

이것은 귀납적 성경 공부의 '느낌'에 해당되는 것입니다.

그 진리를 어떻게 구체적으로 삶에 적용할 것인지를 정리합니다.

이것은 귀납적 성경 공부의 '적용'에 해당되는 것입니다.

7. 중심 말씀

각 과의 중심이 되는 성경 구절입니다.

8. 암송 말씀

각 과의 본문 내용과 관련하여 암송해야 할 성경 구절입니다.

9. 핵심 주제

각 단원에서 꼭 이해해야 할 목표입니다.

본 문

1. 구성

1) 생각의 문 열기

본론에 대한 동기 부여를 제시하고 본문의 주제를 환기 및 인식시키는 목적으로 구성되어 있습니다.

2) 말씀 속으로

관찰 질문, 해석 질문, 적용 질문으로 구성되어 있습니다.

3) 나의 깨달음

관찰, 해석, 적용 질문으로 구성되어 있으며, 대체로 적용 질문이 많은 편입니다.

4) 세상으로 나아가기

개인적인 삶에 대한 적용에서 나아가 가정생활, 교회생활, 사회생활에서도 적용하고 결단하도록 구성되어 있습니다.

2. 인도자의 준비

1) 단락 구분과 소제목

매 과마다 전체적인 마인드맵을 활용하며, 전체적인 구성을 살펴보고 각 문제마다 소제목을 달아 분류합니다.

2) 질문 성격에 따른 분류

귀납적 인도가 가능하도록 관찰 질문, 해석 질문, 적용 질문으로 구성되어 있으므로 각 질문마다의 특성을 이해합니다.

3) 보조 질문

주 질문 외에 연계된 보조 질문들을 추가로 준비하고 성령의 인도에 따라 제시합니다.

마무리

1. 내용 요약

훈련 시간에 나눈 내용들에 대해 간단하게 요약해 봅니다.

2. 결단과 적용 기록

'세상으로 나아가기' 부분에서 당일 배운 내용을 다시 한 번 정리하면서 결단해야 할 내용들을 구체적으로 기록합니다.

3. 적용 나눔

결단하고 적용한 것을 간단하게 나눔으로써 서로를 통해 배우고 도전을 받게 됩니다.

4. 찬양과 기도로 마무리

찬양은 당일 주제와 관련된 것을 선곡하여 부릅니다.
기도는 받은 은혜에 대한 반응, 새롭게 깨달은 점, 결단 등을 내용으로 합니다.

5. 주간 훈련 안내

다음 주 수업과 관련된 예습 및 준비에 대한 제반 사항을 알려 줍니다.
설교 요약, 큐티, 독서 과제, 생활 숙제, 암송 말씀 등 과제물에 대해 안내해 줍니다.

인도자의 자기 체크 리스트

1. 내용 이해 | 마인드맵 활용

내용 전체에 대해 충분히 숙지하고 인지하였는가?
이 과의 전체적인 주제와 질문의 의도를 제대로 인지하고 있었는가?

2. 환영

모임을 부드럽고 밝게 시작해 훈련생들의 마음이 열리도록 대화를 적절히 적용하였는가?

3. 질문

훈련생들에게 골고루 질문했는가?
닫힌 질문과 열린 질문을 적절하고 균형 있게 사용했는가?
관찰 질문, 해석 질문, 적용 질문들을 적절하고 균형있게 사용했는가?

4. 경청

훈련생이 답변할 때 몸짓, 음성, 시선 등을 통하여 공감을 표하며 경청하였는가?
훈련생의 답변이나 질문을 잘 요약하고 정리했는가?

5. 격려

훈련생의 질문이나 답변, 그리고 마음을 열고 나눈 내용에 대해 감사와 격려의 표현을 했는가?

6. 열린 태도

훈련생의 열린 태도에 대해 수용적인 자세를 보였는가?
훈련생이 마음을 열고 나눈 내용을 주제에 맞게 적절히 사용했는가?

7. 시간 운영

도입, 본문, 마무리의 시간 분배 등의 시간 운영을 잘했는가?

8. 성령에 관한 민감성

제자훈련을 인도하면서 성령의 조명을 구하였는가?
현장에서 역사하시는 성령의 감동과 인도에 민감하게 반응했는가?

9. 훈련생에 대한 이해

훈련생들이 겪고 있는 문제와 기도 제목들이 무엇인지 충분히 파악했는가?

예수를 따르는
비전의 사람들
제자훈련 인도자 지침서

초판 1쇄 발행 | 2022년 2월 15일

지은이 | 황덕영

발행처 | 글로벌제자훈련원
출판등록번호 | 제377-2020-000090호
주소 | 경기도 안양시 동안구 귀인동 301
문의 | 031-420-8521
전자우편 | sjanews@naver.com
홈페이지 | www.sja.or.kr
등록일 | 2008년 4월 15일
인쇄 및 제본 | 우성인쇄

가격 | 18,000원
ISBN | 979-11-85956-10-7